Petra Brüning

Die Knopp-Show bei Wilhelm Busch

Funktionsweisen der Komik in Wilhelm Buschs Knopp-Trilogie

Diplomica Verlag GmbH

Brüning, Petra: Die Knopp-Show bei Wilhelm Busch: Funktionsweisen der Komik in
Wilhelm Buschs Knopp-Trilogie. Hamburg, Diplomica Verlag GmbH 2013

Buch-ISBN: 978-3-8428-9402-0
PDF-eBook-ISBN: 978-3-8428-4402-5
Druck/Herstellung: Diplomica® Verlag GmbH, Hamburg, 2013

Bibliografische Information der Deutschen Nationalbibliothek:
Die Deutsche Nationalbibliothek verzeichnet diese Publikation in der Deutschen
Nationalbibliografie; detaillierte bibliografische Daten sind im Internet über
http://dnb.d-nb.de abrufbar.

Das Werk einschließlich aller seiner Teile ist urheberrechtlich geschützt. Jede Verwertung
außerhalb der Grenzen des Urheberrechtsgesetzes ist ohne Zustimmung des Verlages
unzulässig und strafbar. Dies gilt insbesondere für Vervielfältigungen, Übersetzungen,
Mikroverfilmungen und die Einspeicherung und Bearbeitung in elektronischen Systemen.

Die Wiedergabe von Gebrauchsnamen, Handelsnamen, Warenbezeichnungen usw. in
diesem Werk berechtigt auch ohne besondere Kennzeichnung nicht zu der Annahme,
dass solche Namen im Sinne der Warenzeichen- und Markenschutz-Gesetzgebung als frei
zu betrachten wären und daher von jedermann benutzt werden dürften.

Die Informationen in diesem Werk wurden mit Sorgfalt erarbeitet. Dennoch können
Fehler nicht vollständig ausgeschlossen werden und die Diplomica Verlag GmbH, die
Autoren oder Übersetzer übernehmen keine juristische Verantwortung oder irgendeine
Haftung für evtl. verbliebene fehlerhafte Angaben und deren Folgen.

Alle Rechte vorbehalten

© Diplomica Verlag GmbH
Hermannstal 119k, 22119 Hamburg
http://www.diplomica-verlag.de, Hamburg 2013
Printed in Germany

**Was, wenn man es recht bedenkt,
sich sozusagen Komik nennt.**

Gliederung:

1. Einleitung — 3
2. Theorien der Komik. Ein historischer Überblick über die Grundlagen einiger Komik-Theorien — 8
3. Die Komik in der Knopp-Trilogie — 28
   - 3.1 Die Bühnenshow — 28
   - 3.2 Der Sprachstil des Erzählers — 34
   - 3.3 Der Blick auf einzelne Szenen: verschiedene Möglichkeiten der Komikentfaltung — 43
     - 3.3.1 Der Umschlag — 43
     - 3.3.2 Normverletzung und Replik — 52
     - 3.3.3 Informationsvorsprünge: Wer weiß mehr? — 61
     - 3.3.4 Schlag auf Schlag: Slapstick-Elemente — 75
     - 3.3.5 Von Künstlichkeit und Einfühlung: verlachen oder mitlachen? — 79
     - 3.3.6 Autonome Wirkung: artistischer Akt — 84
4. Zusammenfassung — 88
5. Literaturverzeichnis — 92

1. Einleitung

Tobias Knopp, eine rundliche Gestalt ohne Haare und (zunächst) ohne Frau, blamiert sich auf dem Schützenfest, gerät in peinliche Lagen in freier Natur, wird von fremden Ehefrauen verprügelt, verliert einen alten Bekannten und seinen Wein; heiratet, genießt das Eheleben bis zur ersten Krise, die nicht lange auf sich warten lässt. Es folgen weitere Zwistigkeiten, die Geburt der Tochter, unruhige Nächte, zunächst weil Babys nachts gerne nach ihren Eltern verlangen, später, weil junge Männer nach der Tochter verlangen. Die alltägliche Tragik des Tobias Knopp präsentiert Wilhelm Busch im Gewand des Komischen.

„Was [jedoch] für wen unter welchen Bedingungen komisch ist, kann von einer Texttheorie nicht prognostiziert werden"[1], argumentiert Schmidt und spricht damit das Problem an, dass das Empfinden von Komik stets an gesellschaftliche, moralische und persönliche Einstellungen des Betrachters gebunden ist und somit nicht dem Werk innewohnt. Die Faktoren, die durch das Werk gegeben sind, sind Themenwahl und Darstellungsweise. Diese gilt es, auf ihre Möglichkeit hin zur Komikentfaltung zu untersuchen.

Elementar für die Komik in der Knopp-Trilogie ist die Gleichzeitigkeit von Sehen und Erzählen. So attestiert auch Novotny Buschs Bildergeschichten eine „völlige[...] Gleichwertigkeit und vollendete[...] Einheit im Zusammenwirken der beiden Ausdrucksweisen Dichtung und Zeichnung."[2] Daher wird in der vorliegenden Studie insbesondere das Zusammenwirken von Text und Bild herangezogen und deren Anteil an der Entstehung der Komik analysiert.

Zunächst werden in Kapitel 2. „Theorien der Komik: ein historischer Überblick über die Grundlagen einiger Komik-Theorien" Funktionsweisen der Komik vorgestellt, die oftmals die ästhetische Perspektive der Komik zum Inhalt haben, teilweise aber auch die psychologische Wirkung des komischen Aufbaus behandeln.

---

[1] Schmidt, Siegfried J.: Komik im Beschreibungsmodell kommunikativer Handlungsspiele. In: Das Komische. Hrsg. von Wolfgang Preisendanz und Rainer Warning. München: Fink 1976., S. 177.
[2] Novotny, Fritz: Wilhelm Busch als Zeichner und Maler. Wien: Schroll & Co. 1949.; S. 28.

Begonnen wird mit der ältesten der hier vorgestellten Theorien: Thomas Hobbes Abhandlung „Vom Menschen" aus dem Jahre 1658. Hobbes hebt die Faktoren Überheblichkeit, Plötzlichkeit und Distanz hervor.

Kant geht auf das körperliche Wohlbefinden aufgrund des Lachens ein und betont die Verbindung zum Spiel. Komik baut demnach Erwartungen im Rezipienten auf, die dann „in nichts aufgelöst" werden. Der begreifende Verstand erkennt die Widersinnigkeit als ein Spiel und kann daher Heiterkeit zulassen.

Jean Paul sieht Komik in der Relation von Wissen und Nicht-Wissen zwischen Figur und Wahrnehmenden. Die komische Figur weiß irgendetwas nicht, was dem Empfänger der Komik bekannt ist. Dieses Wissen bürdet der Betrachter der komischen Figur auf. Da dieses aufgebürdete Wissen nicht mit den Handlungen der komischen Figur korreliert, stellt sich die Handlung für den Betrachtenden als widersinnig dar, und er lacht über die Dummheit des Unwissenden.

Ähnlich wie nach ihm Schopenhauer betrachtet Solger im Komischen die Inkongruenz zwischen einer abstrakten Idee und deren angeschauter Auflösung in der Wirklichkeit. Die Disharmonie zwischen Angeschautem und Abstraktem bringt die Komik hervor.

Ebenso geht Vischer von der Inkongruenz zwischen Idee und Wirklichkeit aus. Vischer behauptet, dass etwas Erhabenes durch das Komische zu Fall gebracht wird. Das Erhabene erweist sich durch das Komische als unvollkommen. Jemand wandelt erhaben durch die Welt, etwas Zufälliges bringt ihn zu Fall. Daraufhin führt der Betrachter eine Neubewertung durch, die ihm zeigt, dass das Erhabene nur scheinbar erhaben war.

Kuno Fischer arbeitet ebenfalls mit den Begrifflichkeiten Erhabenheit und Komik, doch fokussiert er das gefühlte Größenverhältnis zwischen Werk und Rezipient. Während das Erhabene groß erscheint und in der Folge der Rezipient klein, verhält sich diese Relation beim Komischen genau umkehrt. Der Betrachter einer komischen Situation fühlt sich dem Komischen gegenüber überlegen und empfindet Freude aus diesem Überlegenheitsgefühl heraus.

Bergson hingegen geht von einer fehlenden Lebendigkeit im Komischen aus. Jeder Automatismus, jede mechanische Bewegung innerhalb einer Situation, die eigentlich lebendige Flexibilität erfordert hätte, gebiert Komik.

Nicht das Erhabene, sondern das überraschend Große bildet das Gegenteil des Komischen. So behauptet es Lipps und begründet es mit dem Erwartungsaufbau des Betrachters, der für das vermeintlich Große viel Aufmerksamkeit bereitstellt, die sich beim Erblicken des Kleinen als überflüssig herausstellt. Diese zu große Aufmerksamkeit wird abgelacht.

Mit zu großer Aufmerksamkeit beziehungsweise mit Aufwandsersparnissen führt Sigmund Freud die Argumentation in diese Richtung fort. Der Betrachtende kann bei Nichtübereinstimmung von betrachtetem Aufwand und dem Aufwand, den er für die betrachtete Situation gebraucht hätte, die Differenz ablachen.

Von Normverletzung und Replik geht Jünger aus. Jemand provoziert, indem er sich regelwidrig verhält. Wichtig ist hierbei, dass der Provokateur der Unterlegene ist, sodass das Wagnis des Regelbruchs bereits Widerspruch im Rezipienten auslöst beziehungsweise das Wagnis des Regelbruchs lächerlich erscheint. Auf die Normverletzung wird nun mit einer angemessenen Replik geantwortet, sodass die Norm als wieder hergestellt gilt.

Plessner, der eine Unstimmigkeit zwischen vorgestellter Norm und Angeschautem apostrophiert, lenkt den Blick noch einmal weg von Sinneseindrücken hin zu den Auffassungen des Rezipienten. Die Normverletzung muss moralischen, ethischen, sozialen oder sonstigen Auffassungen des Rezipienten widersprechen. Dadurch bezieht Plessner die Leistung des Verstandes mit ein. Außerdem betont Plessner – wie Kant – das Spielerische, den Unernst der Komik. Denn Komik muss gefahrlos sein, garantiert durch Unernst und Abstand.

Iser geht von kippenden Positionen innerhalb der Komik aus, wobei eine wankende Position einen Dominoeffekt auslöst und alle anderen Positionen mit zum Kippen bringt. Diese Instabilität bringt auch die Position des Betrachters zu Fall. Um sich aus dieser instabilen Struktur zu befreien, ordnet der Betrachter die komische Situation als unernst ein und lacht.

Stierle geht von einer Subjekt-Objekt-Vertauschung und von Fremdbestimmung bezüglich des komischen Subjekts aus. Einem Subjekt wird entgegen seiner Handlungsintention die Kontrolle entzogen, sodass er fremdbestimmt wird. Das Umschlagen der Figur von einem Subjekt zu einem Quasi-Objekt bewirkt im Betrachter einen Umschlag des Aufmerksamkeitsfeldes zu einem neuen Aufmerksamkeitsfeld, das sich gegensinnig zum bisherigen Aufmerksamkeitsfeld verhält. Diese Paradoxie bildet eine unlösbare Aufgabe, die abgelacht wird. Bedingungen des Komischen sind Plötzlichkeit des Umschwunges, Folgenlosigkeit und Distanz.

Die Analyse der Knopp-Trilogie im dritten Kapitel teilt sich auf in die Kapitel 3.1 „Die Bühnenshow", Kapitel 3.2 „Der Sprachstil des Erzählers" und Kapitel 3.3 „Der Blick auf einzelne Szenen: verschiedene Möglichkeiten der Komikentfaltung".
In dem Kapitel 3.1 „Die Bühnenshow" wird das Zusammenwirken von Text und Bild als das elementare Merkmal in Buschs Werk untersucht. Sowohl die Bilder als auch der Text erzeugen die Atmosphäre einer Theateraufführung. Mit welchen Mitteln diese Nähe zur Bühne geschaffen wird und was diese Art der Präsentation bewirkt, ist Untersuchungsgegenstand dieses Kapitels.
Eine herausragende Rolle kommt dem Text-Erzähler zu. Die Auswirkungen seines Sprachstils werden im Kapitel 3.2 „Der Sprachstil des Erzählers" erläutert.
Die im zweiten Kapitel anhand diverser Komiktheorien herausgearbeiteten verschiedenen Möglichkeiten der Komikentfaltung werden im Kapitel 3.3 „Der Blick auf einzelne Szenen: verschiedene Möglichkeiten der Komikentfaltung" zur Anwendung gebracht, indem unterschiedliche Funktionsweisen der Komik an beispielhaften Szenen herangezogen werden. Geschaut wird, durch welche Art von Text- und Bildaufbau die jeweiligen komischen Mittel zum Einsatz kommen. Die verschiedenen Komikarten werden in den jeweiligen Überschriften benannt.
So beinhaltet „der Umschlag" stets etwas Überraschendes, dem der Text mit dem Einsatz erzähltheoretischer direkter Mittel Rechnung trägt, oder aber die Überraschung generiert sich in Zusammenarbeit mit dem Bild. Geschaut wird, wie ein Umschlag vorbereitet wird und was er auslöst.
Inwiefern eine „Normverletzung" ebenfalls einen Umschlag beinhalten kann und welche Bedingungen an die „Replik" geknüpft sein müssen, damit Komik entsteht, wird in dem nächsten Kapitel untersucht.
Wie Bild und Text miteinander beziehungsweise gegeneinander arbeiten, ist für die Komik aufgrund von Informationsvorsprüngen von elementarer Bedeutung. Anhand diverser Beispiele wird die Bedeutung des Bildes herausgearbeitet.

Das Mittel des „Slapsticks" gehört dem Medium des Theaters und des Films an – beides Medien, denen das Transitorische innewohnt. Wie Busch es schafft, dieses Mittel auf Zeichnung und Text zu übertragen, wird in Kapitel 3.3.4 untersucht.

Ob Komik zum Verlachen oder zum Mitlachen animiert, hängt neben der Themenwahl von der Zusammenarbeit der erzähltechnischen und darstellenden Mittel ab. Zwei beispielhafte Szenen machen die Wirkungsweise disharmonischer Zusammenarbeit deutlich.

Als „artistischer Akt" wird Komik bezeichnet, die sich aufgrund ihrer Darstellungsweise auszeichnet.

Die Unterschiede der historischen Lösungsansätze und die Aufteilung der Szenen der Knopp-Trilogie in verschiedene Komik-Kategorien machen deutlich, dass Komik sich nicht auf einen Hauptnenner reduzieren lässt. Die verschiedenen Gestaltungsmöglichkeiten erlauben jedoch eine Kooperation von Bild und Text, die zu einem Spiel aus Harmonie und Disharmonie wird, dem sowohl die Erzähler[3] und die Figuren als auch der Leser / Betrachter angehören. Wie sich dieses Spiel aus Bild und Text gestaltet, wird im Anschluss an den historischen Überblick analysiert.

---

[3] Die Aufteilung in Bild- und Texterzähler wird auf Seite 33 erläutert.

2. Theorien der Komik: Ein historischer Überblick über die Grundlagen einiger Komik-Theorien

Komik besteht aus Gegensätzen. Komik schafft Distanz. Komik reißt mit. – Komik scheint ein schwer zu fassendes Gebilde zu sein, das zu unterschiedlichen, teilweise sich widersprechenden Schlussfolgerungen führt.

In diesem Kapitel werden in einem historischen Abriss diverse Theorien vorgestellt und diskutiert, um sie in der nachfolgenden Analyse der Knopp-Trilogie anzuwenden.

Anhand der geschichtlichen Entwicklungslinie der Komiktheorien werden Bedingungen und Wirkmechanismen herausgearbeitet. Dabei ist eine Entwicklung festzustellen von anfänglichen Festlegungen einzelner Voraussetzungen und Bedingungen sowie ästhetischen Abgrenzungen hin zur Beschreibung komplexer, prozessualer Mechanismen, die den Vorgang des Geschehensablaufes nachvollziehen.

War Komik zunächst stets gattungspoetischen Zuordnungen unterlegen, gelingt es Thomas Hobbes im Jahre 1658 Lachen als das Ergebnis einer Werk-Rezipienten-Relation darzustellen. In seiner Ausarbeitung über das Lachen innerhalb seiner Schrift „Vom Menschen" konstatiert er, dass Lachen aus einem Gefühl der eigenen Überlegenheit entspringt, einer Überlegenheit gegenüber der Handlung desjenigen, der einen Fehler gemacht hat. Damit ein Gefühl der Überlegenheit entstehen kann, bedarf es der Distanz zwischen Registrierendem und Verursacher, da bei großer Nähe der Parteien Mitleid zum falsch Handelnden entsteht. Der Lachende muss eine Fremdheit zu dem Dargestellten empfinden.

Als weiteres Element zur Entstehung des Lachens bezeichnet Hobbes die „Plötzlichkeit", die als einmaliges Ereignis auftreten muss,[4] sodass hier eher von einem unerwarteten Ereignis, von Überraschung gesprochen werden muss als von dem zeitlichen Element der Plötzlichkeit, das eine Wiederholung nicht ausschließt.

---

[4] Hobbes, Thomas: Vom Menschen. Vom Bürger. Philosophische Bibliothek. Bd. 158. Hrsg. von Günter Gawlick. 2. verb. Aufl. Hamburg: Felix Meiner 1966. (1642, 1658)., S. 33f.

Festzuhalten bleibt, dass die Bedingungen für Komik nach Hobbes lauten: Distanz zwischen der Darstellung des Komischen und dem Komik Wahrnehmenden, weiterhin Überraschung als ein Faktor, den das Werk aussendet und der innerhalb des Empfängers wirkt. Die Darstellung muss durch die Art und Weise seiner Präsentation sowohl distanzieren als auch überraschen.

Das Überlegenheitsgefühl hingegen ist eine Emotion des Menschen, die als das Resultat der komischen Wirkung ausgelöst und mit dem Lachen zum Ausdruck gebracht wird. Das Lachen ist der Ausdruck, die Überlegenheit ist das entstandene Gefühl und die Distanz und die Überraschung sind die Bedingungen, die das Werk erfüllen muss.

Kant erklärt die Funktionsweisen der Komik in der „Kritik der Urteilskraft" von 1790 mit Erwartungen, die im Rezipienten geweckt und dann nicht erfüllt werden. Die Phase der Erwartung führe zu einer Anspannung, die durch Nicht-Erfüllung eine plötzliche Abspannung erfahre und sich im Lachen äußere. Kant stellt erstmals den körperlichen Affekt des Lachens in den Vordergrund. Die Vorstellungswelt, die gedanklichen Ideen dienen als Auslöser für die körperliche An- und Abspannung.[5] Das eigentliche Vergnügen am Lachen liegt in der Bewegung des Körpers, in seiner gesundheitsfördernden Wirkung begründet[6] und nicht, wie Hobbes hervorhebt, in einem Überlegenheitsgefühl. Außerdem betont Kant das Spielerische der Komik, das „Spiel mit ästhetischen Ideen"[7].

Wenn eine Situation Komik entwerfen soll, so muss ihr nach Kant etwas „Widersinniges"[8] anhaften. Dies geschieht dadurch, dass beim Empfänger durch eine wahrgenommene Situation eine Erwartungshaltung aufgebaut wird, die dann in nichts aufgelöst wird. Die Ursache dafür, dass dieses Widersinnige zum Lachen verleitet, liegt im Spielcharakter des Vorgestellten begründet. Denn verstandesmäßig objektiv betrachtet ist der Widersinn nicht erfreulich. Die Bewegung des Körpers ist schließlich das, was Vergnügen bereitet.[9]

---

[5] Kant, Immanuel: Kritik der Urteilskraft. Hrsg. von Gerhard Lehmann. Stuttgart: Reclam 1963., S. 276.
[6] Ebd., S. 276, S. 279.
[7] Ebd., S. 275.
[8] Ebd., S. 276.
[9] Ebd., S. 276.

Die Konstellation Werk / Rezipient setzt sich bei Kant folgendermaßen zusammen: Das Werk bereitet einen Widersinn vor, indem es den Rezipienten zu Erwartungen verleitet, die es dann nicht erfüllt, die enttäuscht werden. Der Mensch erkennt den Widersinn und ordnet ihn als Spiel ein. Dieses Erkennen und Einordnen als Spiel erlaubt es, die vorher bestandene körperliche Erwartungsanspannung, die durch das Zeigen des Widersinns in sich zerfallen ist, im Lachen körperlich zu verarbeiten.

Die Komponenten ‚Aufbau von Erwartungen' und ‚Zerfall in nichts durch Widersinn' als auch der Spielcharakter sind als wichtige Merkmale der Kantschen Theorie festzuhalten. Sie beschreiben sowohl, wie das Werk beschaffen sein muss, als auch, was sie auf Rezipientenseite bewirken.

Jean Paul spricht in seiner „Vorschule der Ästhetik" von 1804 von einer „unendlichen Ungereimtheit"[10]. Diese Ungereimtheit entstehe durch die ungleiche Verteilung von Wissen. In seinem fingierten Beispiel aus Cervantes „Don Quichote" unterscheidet sich das Wissen des Lesers über die Tiefe eines Abgrundes, über dem Sancho sich befindet, von Sanchos Wissen. Während Sancho sich über einem tiefen Abgrund wähnt, weiß der Leser, dass Sancho nur ein paar Zentimeter über dem Boden baumelt. Dieses Wissen bürdet der Leser Sancho auf, sodass dessen Verhalten und das aufgebürdete Wissen die „unendliche Ungereimtheit" bilden.

Komik entfaltet sich somit durch einen Wissensvorsprung des Lesers. Der Leser projiziert seine Einsichten auf die in ihrer Situation handelnde Figur. Dadurch lassen sich Handlung und aufgebürdetes Wissen nicht in Einklang bringen. Es entsteht der Widerspruch, durch den Komik nach Jean Paul definiert wird. Dass eine komische Situation nicht aus sich selbst heraus komisch ist, sondern des Zusammenspiels mit dem Wahrnehmenden, mit dessen Wissen bedarf, macht Jean Paul deutlich, indem er festhält, dass „das Komische [...] nie im Objekte wohnt, sondern im Subjekte"[11].

Jean Paul spricht eine Komiksituation an, die Gültigkeit hat, solange der Rezipient bezüglich der betrachteten Situation über mehr Wissen verfügt als die Komik auslö-

---

[10] Jean Paul: Vorschule der Ästhetik. Nach d. Ausg. von Norbert Miller hrsg., textkrit. durchges. u. eingel. von Wolfhart Henckmann. Hamburg: Meiner 1990. S. 110.
[11] Ebd., S. 110.

sende Figur. Herrscht jedoch innerhalb eines fiktionalen Beitrages interne Fokalisierung,[12] so weiß der Leser nicht mehr als die Figur. Dennoch kann es zu komischen Situationen kommen, indem die Figur zum Beispiel unbeabsichtigt in eine Pfütze tritt, die dann vielleicht noch in surrealer Weise so tief ist, dass die Fiegur beinahe darin versinkt. In diesem Fall wäre der Leser oder Betrachter der Situation ebenso überrascht wie der „Held" der Geschichte. Obwohl ihm kein Wissensvorsprung gegeben ist, kann er dennoch über die widersinnige Situation belustigt sein. Jean Pauls Ansatz lässt sich für die Art der Komik verwenden, die auf einen Wissensvorsprung des Rezipienten baut.

Karl Wilhelm Ferdinand Solger hat in seinen Vorlesungen über Ästhetik Komik über die Positionen Idee und mannigfaltige Wirklichkeit erklärt.
In seinen 1819 gehaltenen und 1829 publizierten Vorlesungen führt er aus, dass innerhalb der Komik die angestrebte Verwirklichung einer Idee ihre Vernichtung erfahre, da sie dadurch, dass sie konkretisiert wird, sich in vielfältige Wirklichkeit auflöst. Solger bringt als Beispiel die Komödie „Der zerbrochene Krug" von Kleist. Die Idee der Gerechtigkeit wird hier in Form von menschlichen Handlungen aufgelöst. Die so der Wirklichkeit zugeführte Idee scheitert an den menschlichen Schwächen.[13]
Doch gerade diese Zerstückelung der Ideen in der menschlichen Wirklichkeit lässt die Idee vertraut erscheinen, sie erheitert den Komik Konsumierenden. Somit dient die Idee der Erholung des Menschen.[14]

Ähnlich wie Solger geht Schopenhauer von einem gedachten Begriff und einem realen Gegenstand aus. Während Solger jedoch die Idee in der Wirklichkeit aufgelöst, sie durch die menschlichen Schwächen zu Fall gebracht sieht, erklärt Schopenhauer die Komik aus der Zusammenfügung von Angeschautem und abstraktem

---

[12] Martinez, Matias; Scheffel, Michael: Einführung in die Erzähltheorie. 6. Auflage. München: C. H. Beck 2005., S. 64.
[13] Solger, Karl Wilhelm Ferdinand: Vorlesungen über Ästhetik. Hrsg. von K. W. L. Heyse. Leipzig: Brockhaus, 1829. In: Texte zur Theorie der Komik. Hrgs. von Helmut Bachmaier. Stuttgart: Reclam 2010. S. 43.
[14] Solger, Karl Wilhelm Ferdinand: Nachgelassene Schriften und Briefwechsel. Hrsg. von L. Tieck und F. v. Raumer. Bd. 2. Leipzig: Brockhaus, 1826. In: Texte zur Theorie der Komik. Hrsg. von Helmut Bachmaier. Stuttgart: Reclam 2010. S. 43.

Begriff. Das unter den abstrakten Begriff eingeordnete Angeschaute füllt jenen nicht passend aus, und die Subsumtion wird als komisch empfunden.

Als ein Beispiel benennt Schopenhauer ein auf der Bühne äpfelndes Pferd als den angeschauten, konkreten Gegenstand und den Begriff des „Improvisierens" als den abstrakten Begriff.[15] Indem der Schauspieler und Reiter des Pferdes dem Tier vorhält, dass es ihnen nicht erlaubt sei, zu improvisieren, subsumiert er die Tätigkeit des Pferdes unter den Begriff „Improvisieren". Das Äpfeln des Pferdes ist zwar eine außerhalb des Drehbuchs stehende Aktion (und somit improvisiert), bezeichnet jedoch keinen bewusst geplanten Beitrag zur Drehbuchanreicherung und lässt sich somit wiederum nicht unter den Begriff einordnen. Daher führt die Subsumtion zu einer Inkongruenz, die als komisch empfunden wird.

Schopenhauer begründet das Lachen, die Freude, die diese Inkongruenz auslöst, damit, dass das Angeschaute sich nicht unter den gedachten Begriff einordnen lässt. Das Angeschaute triumphiert über das Gedachte. Das Angeschaute mit seiner ursprünglichen und unmittelbaren Erkenntnisgewinnung siegt über das mit Anstrengung verbundene Denken. Die Erkenntnis, dass das Unmittelbare als Sieger hervorgeht, erfreut.[16]

Zwar siegt das Angeschaute, das Ursprüngliche über den abstrakten Begriff, über das Gedachte, doch ist das Erkennen des Siegers (des Angeschauten) eine geistige Leistung. Das Denken, das Verstehen der Inkongruenz ist Voraussetzung für den „Sieg" des Unmittelbaren. Wer den Zusammenhang zwischen Improvisieren und äpfelndem Pferd nicht herzustellen vermag, wird auch die Komik nicht bemerken. Demzufolge steht das Denken trotz des Sieges des Unmittelbaren an erster Stelle.

Vischer geht in seiner Habilitationsschrift „Über das Erhabene und das Komische" von 1837 von einem Zusammenwirken von Idee und sinnlicher Erscheinung, von Erhabenem und Komischem aus. Vischer behauptet, – wie vor ihm Solger - dass das Komische dadurch ausgelöst wird, dass der Idee die mannigfaltige Wirklichkeit aufgebürdet wird. Das Erhabene wird aufgelöst beziehungsweise anschaulich gemacht durch sinnliche Einzelheiten und wird daraufhin als nur scheinbar unendlich

---

[15] Schopenhauer, Arthur: Die Welt als Wille und Vorstellung. Vollständige Ausgabe nach der dritten, verbesserten und beträchtlich vermehrten Auflage von 1859. Köln: Anaconda 2009. S. 543.
[16] Ebd., S. 547.

und vollkommen enttarnt.[17] Im Kontrast zu Solger, der die Verwirklichung der Idee durch die menschliche Wirklichkeit als nicht realisierbar ansieht, enttarnt Vischer das Erhabene selbst als unvollkommen.

Vischer betont die Vernetzung von Idee und Erscheinung. Es reiche nicht aus, sie nebeneinander zu stellen. Eine Person, die an einem Tag weise zu handeln trachtet und sich am nächsten Tag töricht zeigt, erregt lediglich Unverständnis, entwickelt jedoch keine Komik. Nur wenn die Person sich zunächst als weise zeigt, in diese dargestellte Weisheit sich dann jedoch etwas Törichtes untermischt, sodass der Zuschauer zu einer Neubewertung der Situation kommt, nur dann entsteht Komik.[18] Komik konstituiert sich in dem Moment, in dem eine Bagatelle, ein Zufälliges unerwartet und plötzlich eintritt und das mit Kraftaufwand erzeugte Erhabene zu Fall bringt.[19]

Im Moment des Eintretens des Unerwarteten beginnt die Neubewertung. Der Rezipient sieht die vermeintlich weise Handlung des Protagonisten nun in einem neuen Licht, stellt Rückbezüge her und enttarnt das Gesehene als unvollkommen, das heißt, der Rezipient erkennt, dass das Erhabene von Anfang an nicht vollkommen war.[20] Erst durch den gedanklichen Rückbezug und die daraus folgende Enttarnung beziehungsweise der vergebliche Versuch, die beiden gesehenen Ungereimtheiten in Einklang zu bringen (zum Beispiel ein erhabener Gang und ein Stolpern), erst diese Neubewertung der Situation bringt Komik hervor.

Vischer begründet das hierdurch ausgelöste Lachen ähnlich wie Kant mit einer körperlichen An- und Abspannung, belässt es jedoch nicht bei einer rein körperlichen Erklärung, sondern arbeitet ebenso die geistige An- und Abspannung heraus, das geistige Staunen über die Erhabenheit, die sich plötzlich als falsch erweist und in lustvolles Lachen umgewandelt wird.[21]

Komik in Vischers ästhetischem Sinne wird nicht dadurch erreicht, dass sittliche Fehler und unmoralisches Handeln bemerkt und ausgelacht werden, sondern an der Freude daran, dass der Verstand eine Zweckwidrigkeit, eine Unsinnigkeit bemerkt.

---

[17] Vischer, Friedrich Theodor: Über das Erhabene und Komische – und andere Texte zur Ästhetik. Einleitung von Willi Oelmüller. Frankfurt: Suhrkamp 1967. S. 160, S. 165.
[18] Ebd., S. 174 f..
[19] Ebd., S. 162.
[20] Ebd., S. 165, S. 176.
[21] Ebd., S. 207 f..

Daher steht die auf Schadenfreude deutende Überlegenheitstheorie von Hobbes außerhalb von Vischers Ästhetikmodell. Für Vischer ist Komik immer gepaart mit dem Erhabenen und stets gutmütig und mitfühlend. Der Rezipient soll im Dargestellten ein Bewusstsein für die Unvollkommenheit erlangen, auch der eigenen.[22] Vischers Leistung innerhalb des Theoriengerüsts der Komik beruht vor allem im Erkennen eines Rückbezugs und einer Neubewertung durch den Rezipienten. Diese Neubewertung betont die geistige Leistung und zieht die Freude am Erfolg daran nach sich. Mit dem Erkennen eines Widersinns setzt eine Neubewertung des bereits Gesehenen oder Gelesenen ein. Somit erweitert Vischer das statische Gegensatzmodell von nicht zusammenpassenden Elementen um das prozessuale Aufeinanderfolgen von Wirkung und Neubewertung mit Erkenntnisgewinn.

Während Vischer das Komische im Erhabenen sieht, das Erhabene als Grundlage dient, dem durch das Eintreten eines fehlerhaften Moments die Fähigkeit zur Vollkommenheit entzogen wird, ist für Kuno Fischer die Komik eine „umgekehrte Erhabenheit"[23], ein Gegenpol zur Erhabenheit. Dieser Gegenpol konstituiert sich aus der Position des Betrachters zum Dargestellten. Während sich der Rezipient beim Betrachten eines erhabenen Kunstwerks im Verhältnis zu diesem als unendlich klein, aber auch selbstvergessen und vom Druck der eigenen Begierden befreit empfindet,[24] besetzt das Komische die gegenüberliegende Position. Sobald der Rezipient das Komische wahrnimmt, fühlt er sich dem komischen Objekt gegenüber groß und erhaben: er sieht herab und genießt seine Überlegenheit. Er ist befreit von äußeren, weltlichen Bedrängnissen. Laut Fischer befreit das Komische vom Druck der Außenwelt, von den Erwartungen, die an das eigene Ich herangetragen werden, indem der Rezipient sich im Moment der Betrachtung über diesen Anforderungen stehend sieht. Dies führt zu einer heiteren, unbeschwerten Stimmung auf Seiten des Rezipienten.[25]

Das Größenverhältnis zwischen Werk und Rezipient ist für Fischer ausschlaggebend für Komik und Erhabenheit. Das sich aus diesem Größenverhältnis heraus ergeben-

---

[22] Ebd., S. 173, S. 206.
[23] Fischer, Kuno: Über den Witz. 2. Auflage. Heidelberg: Winters o. J. S. 78.
[24] Ebd., S. 74.
[25] Ebd., S. 76.

de Gefühl von Über- oder Unterlegenheit und die empfundenen Befreiung von einer Bürde, vom Druck der Welt führt zur heiteren Stimmung.[26]

Vischer spricht von der Freude über die eigene Verstandesleistung, die die Widersinnigkeit erkenne, Fischer hingegen - wie auch Hobbes – führt die Erheiterung auf das eigene Überlegenheitsgefühl gegenüber dem komischen Objekt zurück.

Für beide Erklärungen zur Freude gilt: Komik löst im Rezipienten ein Gefühl des Selbstbewusstseins aus – er wird sich seiner gedanklichen Leistung bewusst (Vischer) oder seiner Überlegenheit gegenüber dem Komischen (Fischer, Hobbes). Der Bezugsrahmen liegt bei Vischer innerhalb der betrachtenden Person. Sie lacht über das Erkennen eines Moments und der daraus folgenden rückbezüglichen Korrektur ihres eigenen vorherigen Begreifens. Fischer sieht den Bezugsrahmen innerhalb der empfundenen Größe von Werk zu Rezipient.

Als Bedingung für das Auslösen einer heiteren Stimmung führt Fischer, wie andere vor ihm, die Plötzlichkeit des Umschwunges, der Erleuchtung an.[27] Die Erleuchtung werde durch ein Urteil ausgelöst, das aufgrund zweier entgegengesetzter gedanklicher Vorstellungen gefällt wird.[28] Mit diesem ‚Fällen eines Urteils' ist auch bei Fischer die gedankliche Leistung angesprochen, die für die Erheiterung nötig ist. Dennoch fokussiert Fischer für seine Erklärungen der Freude nicht die Leistungskraft des Verstandes, sondern den empfundenen Kontrast der Größe zwischen Objekt und Rezipient.

Bergsons Komikmodell orientiert sich an der Lebendigkeit des Menschlichen. Wird diese Lebendigkeit durchbrochen von etwas Mechanischem, von einem Automatismus, so bedingt dies Komik.[29] Dieses Mechanische kann zum Beispiel der Stolpernde sein, dessen Automatismus ihn dazu gebracht hat, seine Schrittfolge beizubehalten, anstatt flexibel und lebendig durch eine Änderung seiner Bewegung dem Hindernis auszuweichen.[30] Doch gibt Bergson noch weitere Bedingungen für die Darstellung des Komischen an. In seinem Essay „Das Lachen" von 1900 hält Bergson

---

[26] Ebd., S. 87.
[27] Ebd., S. 106.
[28] Ebd., S. 102.
[29] Texte zur Theorie der Komik. Hrsg. von Helmut Bachmaier. Stuttgart: Reclam 2005., S. 78.
[30] Bergson, Henri: Das Lachen. Ein Essay über die Bedeutung des Komischen. Zürich: Die Arche 1972. S. 15.

zugleich das Menschliche an der Komik als auch das Gefühllose der Komik fest. „Menschlich" ist die Komik in dem Sinne, als dass stets eine Assoziation zum Menschen hin vorhanden sein muss, sonst kann keine Komik entstehen. Ein Hut könne zwar komisch aussehen, doch rühre diese Komik daher, dass ein Mensch diesen so geformt habe. Ein Tier wirke komisch, weil der betrachtende Mensch ihm menschliche Züge aufdrücke. „Menschlich" bedeutet für Bergson nicht ein emphatisches Identifizieren mit dem komischen Objekt oder ein gefühlvolles Verständnis für diesen. Komik ist in dem Sinne menschlich, als dass es zum Tätigkeits- und Denkbereich des Menschen gehört.[31]

Im Gegenteil hebt Bergson nicht das Menschliche, sondern das Gefühllose des Komischen hervor. Als Beweis führt er an, dass in der Komödie keine individualisierten Charaktere, sondern Typen vorkommen. Diese Typen werden nicht von ihrer einmaligen Seelenlage her nachempfunden, – das wäre in der Tragödie der Fall – sondern durch sie werden allgemeine Handlungen nachvollzogen, die der Dichter vorher durch Beobachtung festgehalten hat, und die er nun in der Komödie exemplifiziert.[32] Diese Darstellung von allgemeinen Typen, deren Inneres nicht ausgebreitet, sondern deren äußere Handlung beobachtet wird, hat Auswirkungen auf die Betrachtungsweise des Rezipienten: nicht Empathie- und Identifikationsvermögen werden angeregt, sondern der distanzierende Blick, der die Grundlage für die geforderte Gefühllosigkeit bildet, fängt das Geschehen ein.[33]

Eine weitere Bedingung für Komik ist die Unfreiwilligkeit eines Wechsels. Bergson argumentiert mit dem auf der Straße stolpernden Menschen, den die Leute auslachen, und der keinen Grund zum Lachen gegeben hätte, wenn er sich plötzlich willentlich hingesetzt hätte.[34] Die Komik wird dabei begründet durch eine „*mechanisch wirkende Steifheit* in einem Augenblick, da man von einem Menschen wache Beweglichkeit und lebendige Anpassungsfähigkeit erwartet"[35]. Der Mensch, der nicht in der Lage ist, sich einer Situation treffend und schnell anzupassen, sendet

---

[31] Ebd., S. 12.
[32] Ebd., S. 112-114.
[33] Ebd., S. 12.
[34] Ebd., S. 15.
[35] Ebd., S. 16.

Komik aus und erntet dafür ein Lachen. Das Lachen agiert als Strafe für die Unzulänglichkeit des Menschen.[36]

Die „Stolpersteine", die eine komische Situation auslösen, können entweder zufällig passieren oder aber absichtsvoll, wenn jemand planvoll einem anderen Steine in den Weg legt. Stets sind sie jedoch von außen animiert.
Wenn die Fehlleistung im eigenen Selbst begründet liegt und keines äußeren Hindernisses bedarf, wenn die Gedankengänge sich nicht der aktuellen Situation anpassen, so bezeichnet Bergson dies als innere Komik. Bergson bringt hierfür das Beispiel des „Zerstreuten"[37].
Ein Übergang von innerer Komik zu äußerer soll kurz an Cervantes „Don Quijote" dargelegt werden. Im ersten Teil des „Don Quijote" kommt hauptsächlich die innere Komik zum Tragen, indem die Hauptperson aktuelle Situationen in der eigenen Gedankenwelt umformt und so in der momentanen Gegebenheit etwas anderes erkennt als ihre Mitmenschen. Don Quijotes innere Welt lebt noch in den von ihm gelesenen Büchern, ist nicht fähig, die aktuellen Situationen richtig zu deuten. So kommt es, dass er gegen Windmühlen kämpft oder eine Barbierschüssel für einen Ritterhelm hält.
Im Laufe der Reise kommt jedoch immer häufiger die äußere Komik zum Tragen, jeweils dann, wenn die Leute die Komik seiner Gedanken-Situations-Beziehung erfassen und, um sich weiterhin zu amüsieren, Don Quijote „Steine" in den Weg legen, indem sie ihn zum Beispiel auf eine fingierte Flugreise auf einem Holzpferd an einen angeblich anderen Ort schicken.

Eine weitere Bedingung bei Bergson ist das Unbewusste des Komischen. Das bedeutet, dass der Figur nicht bewusst sein darf, dass sie Komik aussendet. Sobald eine Person Komik in ihrem eigenen Handeln erkenne, sei sie bestrebt, ihr Verhalten zu ändern, oder zumindest versuche sie, das Komische zu verdecken.[38]
Mit dieser Behauptung unterstützt Bergson indirekt den Makel des Mangels, der Unterlegenheit, der der Komik anhaftet, und das sich daraus ergebende Überlegen-

---

[36] Ebd., S. 22.
[37] Ebd., S. 16f..
[38] Ebd., S. 20.

heitsgefühl des Rezipienten. Der Komik Ausstrahlende sieht sich mit der Entdeckung seiner Komik in einem negativen Gefälle zu dem Betrachtenden stehend und versucht daher dies durch Vertuschung zu verdecken.

Um Komik kenntlich zu machen, müsse Komik das Gewohnte durchbrechen. Bergson verdeutlicht dies an dem Thema „Kleidung". So werde Kleidung erst zu dem Zeitpunkt als komisch empfunden, wenn sie aus der Mode gekommen sei. Diese aus der Mode gekommene Kleidung enthält eine Unvereinbarkeit zu den Auffassungen des Betrachters bezüglich Kleidung.[39] Der jeweilige Kontext, in diesem Falle die aktuelle Mode, steuert das Urteil des Betrachtenden. Bei Wahrnehmung einer Neuerung, eines Bruchs mit dem gewohnten Hintergrund, kommt es zu einer Empfindung des Komischen. Der Wirkungskreis von Werk und Rezipient wird hiermit erweitert durch den kontextuellen (den sozialen, historischen, moralischen, religiösen usw.) Hintergrund des Rezipienten. Dies ist ein Erklärungsansatz für die historische Wandelbarkeit des Empfindens von Komik.

Für die Darstellung von Komik eignen sich nach Bergson Körper besonders gut, da sie vom eigentlich anvisierten, vom Seelischen, ablenken. Stattdessen wird die Unförmigkeit eines Leibes präsentiert. Wenn der Körper unförmig und plump ist und daher mechanisch die Lebendigkeit der Seele überdeckt, versucht „*die Form […] über den Inhalt [zu] triumphieren*"[40]. Die Form drängt sich in den Vordergrund und überdeckt die Seele.
Die menschliche Komik verkörpert eine Abweichung vom Vollkommenen. Als Antwort und auch Verurteilung dieser Unvollkommenheit erntet derjenige, der Komik ausstrahlt, ein Lachen.[41] Denn das Lachen möchte das Mechanische, das Starre korrigieren.[42]

Insgesamt lässt sich zu Bergson festhalten, dass er Komik als eine Störung des Menschlichen, des Lebendigen ansieht. Im Gegensatz zu ihm vorausgehenden

---

[39] Ebd., S. 33.
[40] Ebd., S. 41.
[41] Ebd., S. 63.
[42] Ebd., S. 89.

Theoretikern manifestiert er Komik nicht durch kunstästhetische Zuweisungen. Komik liegt im Menschlichen. Der Komik Ausstrahlende macht dies unfreiwillig und ist sich der eigenen Komik nicht bewusst. Der Empfänger der Komik dagegen hat gefühllos distanziert zu sein, und das Wahrnehmen von Komik ist an den Kontext des Empfängers gebunden.
Der Zweck des Lachens liegt jedoch in der Verurteilung der Komik, denn Komik zeigt die Unvollkommenheit des Menschen, seine unvollkommene Form oder aber seinen Mechanismus, seinen Automatismus in Zeiten, in denen Lebendigkeit und Flexibilität erforderlich wären. Das Lachen ist ein gesellschaftliches Strafen.[43]

Theodor Lipps führt im siebten Kapitel seiner „Grundlegung der Ästhetik" von 1903 über die Komik aus, dass sie weder dem Erhabenen noch dem Tragischen als Gegenpol diene, sondern dass das überraschend Große ihr Gegenteil bilde.[44] Das Komische sei das überraschend Kleine, das sich an die Stelle des Großen platziere. Das Kleine versucht groß zu scheinen, wird aber plötzlich enttarnt und steht nun innerhalb dieser ihm einberaumten großen Erwartungshaltung als Kleinigkeit da.
Lipps fokussiert - wie auch Kant - die Erwartungshaltung des Rezipienten. Das Werk sendet ein Signal aus, sodass der Leser bereit ist, diesem etwas Zukünftiges zuzuschreiben. Lipps bringt das Beispiel vom „kreißende[n] Berg"[45], der den Rezipienten dazu veranlasst, seine Vorstellung auf etwas Riesiges zu lenken. Der Rezipient stellt daraufhin eine Forderung beziehungsweise hat eine Erwartungshaltung an das Werk: die Einlösung von etwas Großem. Anstelle dieses Großen wird nun die Kleinigkeit präsentiert, sodass die plötzlich als zu groß erkannte Aufmerksamkeit der Kleinigkeit zugute kommt. In der Folge wird es „leicht, spielend erfasst und geistig bewältigt"[46].

Sigmund Freud argumentiert in seiner Abhandlung „Der Witz und seine Beziehung zum Unbewussten" von 1905 mit einer Aufwandsersparnis des Rezipienten als Ursache für das Lachen. Bei der Betrachtung eines Komischen, zum Beispiel einer

---

[43] Ebd., S. 130.
[44] Lipps, Theodor: Grundlegung der Ästhetik. Der befriedigte und enttäuschte Erwartung. In: Texte zur Theorie der Komik. Hrgs. von Helmut Bachmaier. Stuttgart: Reclam 2010. S. 90.
[45] Ebd., S. 90.
[46] Ebd., S. 91.

übertriebenen Bewegung, komme es zum Erfassen dieser unzweckmäßigen und übertriebenen Bewegung durch einen Vergleich von Sehen und Imaginieren.[47] Der Betrachter sieht den Bewegungsablauf einer Person und stellt sich gleichzeitig den Aufwand vor, den er selbst für diese Bewegungseinheit gebraucht hätte. Wenn das Gesehene nach Rezipientenmeinung mit zu viel Aufwand verbunden war, so wird der psychische Aufwand, der nötig wäre, um dieser Übertreibung mit Verständnis zu begegnen, gehemmt, und der dadurch ersparte Aufwand löst sich in Lachen auf.[48] Wenn es, wie Freud behauptet, zu einem gleichzeitigen „Hineinversetzen"[49] in die Handlungsweise der gesehenen Person und dem Aufbau eigener Vorstellungsinhalte kommt, ist festzuhalten, dass bei ihm die Bedingung „große Distanz" nicht zum Tragen kommt, die Theoretiker wie Hobbes, Fischer, Bergson als eine wesentliche Bedingung ansehen.

Als nächstes führt Freud das Beispiel einer komischen geistigen Minderleistung an. Bei dieser komme es – umgekehrt zur Bewegungsübertreibung – zu einer geistigen Untertreibung, das heißt, der Lachende hätte für diese Aufgabe eine höhere geistige Leistung eingesetzt. „Im ersteren Falle lache ich, weil er es sich zu schwer, im letzteren, weil er es sich zu leicht gemacht hat"[50]. Wichtig für die komische Wirkung ist die Differenz zwischen gesehenem Aufwand und eigenem vorgestellten Aufwand, dabei bleibt es für die komische Wirkung gleichgültig, ob die Vorstellung vom Aufwand des Rezipienten zu dem vom Betrachteten ausgeführten Aufwand als zu groß oder zu klein empfunden wird. Wichtig ist, dass eine Differenz vorhanden ist.

Freud unterscheidet Situationskomik von der gerade erörterten Komik. Anstelle eines Vergleichs des Gesehenen mit dem eigenen Vorstellungsinhalt bezüglich der Situation findet ein Vergleich statt zwischen beabsichtigter Handlungsweise einer Person und deren Abweichung aufgrund der Einflüsse von außen. Die Differenz dieser Besetzungsaufwände generiert das lustbringende Moment. In dieser Situation

---

[47] Freud, Sigmund. Der Witz und seine Beziehung zum Unbewußten. Der Humor. 2. Auflage. Frankfurt: Fischer 2010. S. 202f.
[48] Ebd., S. 206.
[49] Ebd., S. 206.
[50] Ebd., S. 207.

differieren nicht der imaginierte Vorstellungsinhalt und der gesehene. Der Rezipient hätte vielmehr in einer solchen Situation gleich gehandelt wie die betrachtete Person.

Freud argumentiert mit der Einfühlung in die Person, die durch äußere Einflüsse bei der Ausführung ihr wichtiger Tätigkeiten gestört wird, wobei die Einflüsse auch gesellschaftliche Normen oder körperliche Funktionen umfassen können. Freud bringt das Beispiel einer Person, für die eine seelische Tätigkeit äußerst wichtig ist, bis sie plötzlich den Drang zu einem Toilettengang verspürt. Der Rezipient beobachtet nun den Abfall des Aufwands für die seelische Tätigkeit und hält die Person für unterlegen, und zwar in Bezug zu ihrer früheren Tätigkeit und ihren Einordnungen von Wichtigkeiten, nicht gegenüber dem Rezipienten selbst, denn – wie bereits festgehalten – dieser hätte in der Situation genauso gehandelt. Voraussetzung für die Freude an der beobachteten Situation ist jedoch, dass der Rezipient trotz Einfühlungsvermögens Abstand behält und nicht selbst betroffen ist.[51]

Festzuhalten bleibt, dass hier ebenfalls ein Verhältnis von Aufwand und Ersparnis besteht, jedoch nicht zwischen Dargestelltem und imaginiertem Verhalten des Rezipienten, sondern in Bezug zum Früher und Jetzt des Handelnden aus der Sicht des Rezipienten.

Der Erwartungsaufbau bezüglich Zukünftigem bietet eine weitere Möglichkeit zur Komikentfaltung. Um den Besetzungsaufwand und dessen abrupten Abbau deutlich zu machen, bringt Freud das Beispiel einer Körperspannung: Ein Mensch, der erwartet, einen schweren Ball zu fangen, begibt sich in die entsprechende angespannte Position, die ihm das Fangen ermöglichen soll. Er vollzieht somit einen hohen Besetzungsaufwand. Wird dieser Aufwand von einem Beobachter als zu hoch erkannt, weil der Ball sehr leicht ist, so wirkt der Handelnde aufgrund der Differenz des bereitgestellten Aufwands und des tatsächlich benötigten für den Betrachter komisch.[52]

Die Quelle der Komik liegt folglich in der Vergleichung zweier Aufwände,[53] wobei die Aufwandsdifferenz für denjenigen besteht, der zum Lachen gebracht wird.

---

[51] Ebd., S. 209.
[52] Ebd., S. 210.
[53] Ebd., S. 220.

Friedrich Georg Jünger geht in seiner Abhandlung „Über das Komische" von 1936 von einer Regelwidrigkeit aus. Das Komische versucht als deutlich zu erkennendes Unterlegenes eine Regel zu verletzen. Die Komik liegt darin, dass dieses Unterlegene es überhaupt wagt, die Norm zu verletzen, die das Schöne darstellt.[54] Um das Schöne wieder herzustellen, erhält das Komische nun eine Replik, die der Normverletzung angemessen ist.[55] Das Lachen gilt als Zustimmung für die Regel.[56]
Im Gegensatz zur Tragödie, bei der die Konfliktparteien ebenbürtig sind, herrscht innerhalb des Komischen ein Verhältnis von Unterlegenheit und Überlegenheit. Der Zuschauer einer Komödie ergreift die Partei des Überlegenen und kostet sein eigenes Überlegenheitsgefühl aus.[57]
Daher wirkt alles Unangemessene schnell komisch,[58] und eine körperlich komische Gestalt demontiert die Normen „des Ebenmaßes und der Proportionen"[59].

Jünger verlegt mit seiner These die Konzentration vom Widersinn erzeugenden Angriff des Komischen auf die Beschaffenheit des komischen Angriffs: er ist aussichtslos unterlegen. Wenn etwas aussichtslos unterlegen ist, hat das wiederum Einfluss auf die emotionale Bindung des Rezipienten zum Dargestellten. Ein unnützer, da aussichtsloser Angriff, wirkt lächerlich. Der Rezipient ist überlegen und distanziert.

In seiner Abhandlung „Lachen und Weinen. Eine Untersuchung nach den Grenzen menschlichen Verhaltens" von 1941 erklärt Helmuth Plessner das Lachen als eine Reaktion auf eine menschliche Grenzsituation, welche das Komische durch Normverletzung geschaffen hat.[60] Plessner lokalisiert diese Norm als die Vorstellung von einer Idee im Rezipienten. Innerhalb der Komik kommt es zu einer Unstimmigkeit zwischen vorgestellter Norm und Angeschautem.[61]

---

[54] Jünger, Friedrich Georg: Über das Komische. Zürich: Arche 1948. S. 10.
[55] Ebd., S. 16
[56] Texte zur Theorie der Komik., S. 104
[57] Jünger 1948: S. 11, S. 18
[58] Ebd., S. 20.
[59] Ebd., S. 26.
[60] Texte zur Theorie der Komik., S. 108.
[61] Plessner, Helmuth: Lachen und Weinen. Eine Untersuchung nach den Grenzen menschlichen Verhaltens. 3. Auflage. Bern: A. Franke 1961. S. 114

Diese Normverletzungen schreibt Plessner zwar nicht ausschließlich dem Menschen zu, jedoch sei dessen Möglichkeit zum Aufbau von Komik sehr vielfältig, da er gleichzeitig verschiedenen sozialen und menschlichen Bereichen zugehörig sei und es somit innerhalb dieser Daseinsbereiche zu Konflikten kommen kann. So mag die individuelle Freiheit den sozialen Interessen entgegenwirken oder die körperliche Funktion der geistigen Leistung.[62]

Komik manifestiert sich zwar im Gegenstand, wird anschaulich gemacht und so den Sinnen zugänglich, doch weist Plessner darauf hin, dass Komik sich an die Auffassung des Rezipienten wendet und nicht nur an seine Sinne. Die Komik muss gegenläufig zu den Auffassungen des Rezipienten sein, zum Beispiel gegenüber Benehmen, Haltung, Sprache usw..[63]

Komik kann nicht ernst genommen werden. Erst indem man ihr jegliche Ernsthaftigkeit abspricht, ist der Rezipient in der Lage, sie in ihrer Unlogik zu akzeptieren.[64]

Wie Jünger hält auch Plessner an einem Unter- und Überlegenheitsverhältnis der Konfliktparteien fest. Der Unterlegene provoziert und der Überlegene reagiert. Das Komische liegt dann nicht in der eigentlichen Normverletzung begründet, sondern darin, dass der Unterlegene diese Provokation gewagt hat. Da von Anfang an die Erfolglosigkeit der Provokation gegeben ist, tritt das nicht Ernsthafte in den Vordergrund. Daher lacht der Rezipient über Don Quijotes Angriff gegen die Windmühlen.[65] Das Komische entpuppt sich als etwas, mit dem man nichts anfangen kann, das Komische ist „aus dem Rahmen fallend".[66]

Komik ist ein Indikator für die Grenzen der Logik. Der Mensch ist stets bemüht, die Welt um ihn herum als einheitlich, als logisch und ernst aufzufassen. Er möchte sie begreifen und begrenzen. Wird diese Grenze angegriffen, so ist der Betrachter überrascht. Wird der Angriff als gefahrlos erkannt, so ordnet er den Angriff als nicht ernsthaft ein und kann darüber lachen. Die Bedingung der Gefahrlosigkeit wird dadurch erreicht, dass der Betrachter genügend Abstand wahrt.[67]

---

[62] Ebd., S. 116.
[63] Ebd., S. 117.
[64] Ebd., S. 118.
[65] Ebd., S. 119.
[66] Ebd., S. 121.
[67] Ebd., S. 122f.

Während die bisher gezeigten Definitionen zur Komik diese meist statisch, von Positionsverhältnissen her zu definieren versuchen, bietet Wolfgang Iser in seinem Beitrag „Das Komische: ein Kipp-Phänomen" von 1976 eine dynamische Beschreibungsweise für die Komik an. Er weist der Komik kein Oppositionsverhältnis zu, sondern einen Geschehenscharakter, der sich durch die Beziehungen der verschiedenen Positionen zueinander entfaltet.

Da Oppositionspositionen stabil sind, die Komik sich aber durch Instabilität auszeichnet, legt Iser sein Augenmerk auf die Verhältnisse der innerhalb der komischen Situation gegebenen Positionen zueinander. Diese Verhältnisse erweisen sich als instabil und begründen so die Komik. Durch gegenseitiges Negieren bringen sie sich zum Kippen. Iser entfernt sich von einer semantisch besetzten Position, wie sie in den Begriffspaaren Gut/Böse, Groß/Klein, Wichtig/Unwichtig steckt. Er fokussiert den Geschehensablauf, das gegenseitige Kippen von Positionen. Der Domino-Effekt der kippenden Positionen bringt keinen Sieger hervor. Die negierende Position wird durch ihr „Tippen" an der zu bestreitenden Position selbst „angekratzt" und unter ihrer Schicht als etwas anderes enttarnt, somit ebenfalls negiert. Nur im ursprünglichen Verhältnis kann der Triumph, kann die Tarnung aufrechterhalten werden. Sobald eine Position kippt, reißt sie die übrigen Positionen mit.

Dieses Kippen löst im Rezipienten aufgrund der plötzlich erkannten Unzuverlässigkeit der Verhältnisse zunächst Verblüffung aus. Somit wird der Rezipient ein Teil der Kommunikationskonstellation der Komik. Er wird in die kippenden Verhältnisse mit hineingezogen, indem er die Übersicht über die Verhältnisse zueinander verliert und ebenso seine feste Position des Überblicks. Das Lachen sieht Iser als eine Krisenantwort des Körpers, der weder emotional noch kognitiv in der Lage ist, die Situation zu klären.

Durch das Lachen befreit sich der Rezipient aus dieser Überforderung. Er ordnet die Zusammenbrüche als nicht ernst zu nehmen ein und gewinnt dadurch seine Distanz zurück.[68] Erschien der Rezipient bisher aufgrund seines Überlegenheitsgefühls und der eigenen erbrachten Leistung als selbstbewusst, so wird er innerhalb Isers Theorie selbst zu Fall gebracht. Durch das Lachen kann er sich dann jedoch wieder aus dem Fall befreien und sich in seine erhobene, distanzierte Position zurückbegeben.

---

[68] Iser, Wolfgang: Das Komische: ein Kipp-Phänomen. In: Das Komische. Hrsg. von Wolfgang Preisendanz und Rainer Warning. München: Fink 1976. S. 399-402.

Um die Komik generalisierbarer zu machen, entfernt sich Iser von der semantischen Beschreibung möglicher Oppositionsverhältnisse und lenkt den Blick auf Geschehensabläufe, die innerhalb der komischen Situation ablaufen. Hierbei kommt es zu einem Kippen der Positionen, das auch die Position des Rezipienten mit einbezieht.

Stierle bestimmt in seiner Abhandlung „Komik der Handlung, Komik der Sprachhandlung, Komik der Komödie" von 1976 als Bedingung für Komik die Fremdbestimmtheit und verweist auf den einschränkenden Rahmen von Bergsons Mechanismus. Nach Bergsons Definition müsste bereits der Arbeiter am Fließband aufgrund seines Mechanismus' komisch wirken. Stierle arbeitet anhand des Films „Modern Times" mit Charly Chaplin heraus, dass erst die Weiterführung des Automatismus' in einen anderen Handlungsraum hinein – Chaplin setzt seine Fließbandbewegungen außerhalb des Arbeitsplatzes fort – die Komik entfaltet. Der Grund für die Komik liegt im Gegensinn von Fremdbestimmung / Automatismus und der intendierten Handlungseinheit. Erst außerhalb des für die Fremdbestimmung vorgesehenen Rahmens wird diese als solche sinnfällig und zur Komik. Die Komik liegt nicht im Mechanismus, sondern in der durch den Mechanismus sich zeigenden Fremdbestimmung.[69]

Stierles Analyse der Situationskomik ergibt eine Subjekt-Objekt-Relations-Vertauschung. Das Objekt wird durch Initiieren von Geschehensabläufen, die der Handlungsintention des Subjekts widersprechen, zum Quasi-Subjekt, während das Subjekt zum Objekt – zum Opfer der Handlung wird.[70]

Wie Jean Paul fasst auch Stierle nicht die Darstellung als Komik auf, sondern die Interpretation derselben, das heißt, Komik entsteht im Rezipienten.[71]

Stierle setzt das Umschlagen der Subjekt-Objekt-Relation in Bezug zum Aufmerksamkeitsfeld des Betrachters. Während dieser zunächst dem Subjekt der Handlung identifikationsspendend sein Aufmerksamkeitsfeld zuwendet, und dieser Innervationsaufwand zunächst parallel zum Handlungsaufwand des Subjekts verläuft, werden

---

[69] Stierle, Karlheinz: Komik der Handlung, Komik der Sprachhandlung, Komik der Komödie. In: Das Komische. Hrsg. von Wolfgang Preisendanz und Rainer Warning. München: Fink 1976. S. 239.
[70] Ebd., S. 242f..
[71] Ebd., S. 244.

durch die Verkehrung der Relation – das Objekt wird Subjekt der Handlung, das Subjekt wird fremdbestimmt – neue Aufmerksamkeitsfelder geschaffen, die dem ersten Aufmerksamkeitsfeld die Dominanz nehmen. Dies führt zu einer Gegensinnigkeit und damit zur Paradoxie der Aufmerksamkeit, die durch Lachen aufgelöst wird.[72]

> Nicht die Rehabilitierung des von der Handlungsintention oder von der Norm der Sitte Ausgegrenzten bestimmt das Komische, sondern die Unlösbarkeit der durch die komische Struktur gesetzten Aufgabe.[73]

Als eine wesentliche Bedingung für die Paradoxie der Aufmerksamkeit führt Stierle ebenfalls die Plötzlichkeit des Umschwunges an. Eine weitere Bedingung ist die Folgenlosigkeit der Komik aufgrund ihrer Enthebbarkeit. Das Komische ist als widersinnige, der Handlungsfolge enthobene Episode zu betrachten und wird durch das Lachen aus dem herausgehobenen, paradoxen Status befreit. Diese Enthebbarkeit verhindert die Identifikation mit dem Helden innerhalb der komischen Episode.[74]

Zum Abschluss dieses Kapitels wird noch einmal festgehalten, dass eine Entwicklungslinie innerhalb der Komik-Theorien in dem Sinne zu beobachten ist, als dass die ersten außerhalb der gattungsspezifischen Konversation stehenden Theorien sich mit einzelnen Bedingungen und Positionen beschäftigen, dass es zwischendurch immer wieder um kunstästhetische Gegensatzbildungen geht, und dass mit Bergson eine Entwicklung psychologischer, menschlicher und gesellschaftlicher Momente einsetzt, die sich über Mechanismus und Fremdbestimmung definiert. Diese Entwicklungslinie ist der historischen gesellschaftlichen Entwicklung geschuldet.

Weiterhin gibt es die Entwicklung von der Festlegung reiner Gegensatzpositionen hin zu prozessualen Abläufen, mit denen die Komikabläufe generalisierbarer gemacht werden sollen.

Dennoch bleibt Komik ein Bereich, der so vielfältig gestaltet ist, dass er sich nicht unter einer einzigen Theorie vereinheitlichen lässt. Selbst die so häufig untermauerte

---

[72] Ebd., S. 248f..
[73] Ebd., S. 249.
[74] Ebd., S. 250f..

These der Überlegenheit des Rezipienten lässt sich nicht auf alle Komikarten übertragen. In heutigen romantischen Komödien des Films herrscht eine hohe Identifikationsrate mit den Charakteren.[75] Dennoch lacht der Zuschauer über Ereignisse, die dort geschehen.

Im folgenden Analyse-Kapitel der Knopp-Trilogie werden anhand diverser Szenen jeweils verschiedene Theorien zum Tragen kommen.

---

[75] King, Geoff: Film Comedy. London: Wallflower Press 2002. S. 10, S. 50f..

3. Die Komik in der Knopp-Trilogie

Die Analyse der Knopp-Trilogie wird zeigen, wie sich die Vielfalt der gerade erörterten Theorien in der Variationsbreite der Komikgestaltung widerspiegelt. Hierzu werden in den Unterkapiteln des Kapitels 3.2 „Der Blick auf einzelne Szenen: verschiedene Möglichkeiten der Komikentfaltung" diverse Beispiele auf ihre Funktionsweise hin untersucht und unterschiedlichen Komikbereichen zugeordnet. Zuvor jedoch wird das, was die gestalterische Grundlage der Knopp-Trilogie ausmacht, auf ihre Beschaffenheit hin untersucht: die Gleichzeitigkeit von Sehen und Lesen.

3.1 Die Bühnenshow

Ein elementares Merkmal der Trilogie ist die Synchronizität von Text und Bild. Die Kooperation dieser beiden Darstellungsmittel ist oftmals ausschlaggebend für das Entstehen von Komik. Der Rezipient erhält während des Lesens und Betrachtens[76] den Eindruck, sich vor einer Theaterbühne eingefunden zu haben. Mit welchen Mitteln dieser Eindruck generiert wird und was das für die Komik bedeutet, wird in diesem Kapitel dargelegt.

Die Zeichnungen vermitteln den Eindruck einer Bühnenbetrachtung, da sie wie bei einer dramatischen Aufführung über das Sehen direkt erfasst werden können. Sie benötigen nicht wie ein Text die Übersetzung der Buchstaben in Bilder mit Hilfe der Imagination. Zwar fehlt den Zeichnungen der Knopp-Trilogie im Vergleich zur Bühne die durchgängige Bewegungsdarstellung, denn die Bilderfolgen präsentieren sich sprunghaft, unter Auslassung einzelner Bewegungsabläufe, doch teilen sie die Anschaulichkeit mit der dramatischen Aufführung. Auffallend sind zudem die Buchausgänge: es wird jedes Mal ein Bühnenvorhang zugezogen.
Im Unterschied zur Bühne handelt es sich in ihrer Überzogenheit um karikaturenhafte Zeichnungen, die aufgrund ihres Gezeichnetseins und unter Hervorhebung der Linie einen Realitätsverlust aufweisen, die aber dadurch nicht ihre Anschaulichkeit

---

[76] Da der Betrachter oftmals gleichzeitig Leser ist und der Leser Betrachter, werden die Begriffe dann synonym gebraucht, das heißt, der als Leser Bezeichnete beinhaltet auch den Betrachter und umgekehrt.

einbüßen. Die Überzeichnung hingegen schafft Komik aus sich selbst heraus, da nach Bergson ein übertrieben gezeichneter Körper vom Seelischen, Lebendigen ablenkt hin zu einem steifen Mechanismus[77] beziehungsweise nach Jünger die Norm des Schönen verletzt.[78] Die Zeichnungen enthalten Groteskes und Marionettenhaftes, sodass es vorkommt, dass Kleidungsstücke den Bewegungen der Figur steif hinterherhinken.[79] Sie sind reduziert auf das Wesentliche, vermitteln „gestische Dynamik und den Konturenverlauf."[80] Dadurch vermitteln sie, wie der Text, zum einen Schwung und Heiterkeit und erhöhen andererseits durch ihre Konzentration auf das Wesentliche die Aufmerksamkeit des Betrachters auf das aussagekräftige Detail, wie zum Beispiel der Ringelschwanz an Knopps Frack oder die blutige, tropfende Regenschirmspitze.[81] Diese Realitätsferne steht nicht dem direkten, dramengleichen Erfassen entgegen und gebiert gleichzeitig Komik aus sich selbst heraus. Laut Schury hat Busch selbst seine Werke mit einem „Papiertheater" verglichen.[82] Das bedeutet: die Figuren sind konstruierte Kunstfiguren, doch die Darstellungsart ist die des Theaters.

Im Gegensatz zur Bühne kann der Betrachter der Trilogie autonom darüber entscheiden, wie schnell er die Geschichte passieren lässt und wie genau er die Bilder nach Zusatzinformationen durchsucht. Diese teilweise nicht sofort ersichtlichen Hinweise sind – wie noch zu zeigen sein wird – nicht ohne Bedeutung für die Komik in der Knopp-Trilogie.

Trotz des generell statischen Moments einer Zeichnung gelingt es Busch, die Statik des einzelnen Bildes teilweise zu durchbrechen. Der präzise Augenblick, der auf einem Bild festgehalten wird, wird in vielen Zeichnungen der Knopp-Trilogie um einen kurzen zeitlichen Moment erlängert. Mit Hilfe von senkrechten Linien zeichnet Busch den Weg ein, den Flüssigkeiten aus umkippenden Gefäßen nehmen.

---

[77] Bergson, H.: Das Lachen., S. 39.
[78] Jünger, F.G.: Über das Komische., S. 26.
[79] Novotny, Fritz: Wilhelm Busch als Zeichner und Maler., S. 36.
[80] Schury, Gudrun: Ich wollt, ich wär ein Eskimo. Das Leben des Wilhelm Busch. Biographie. 2. Auflage. Berlin: Aufbau 2008., S. 80.
[81] Busch, Wilhelm: Sämtliche Werke II. Was beliebt ist auch erlaubt. München: Bertelsmann 1982., S. 172-175, S. 184.
[82] Schury, G.: Ich wollt ich wär ein Eskimo., S. 101.

Schräg gezeichnete Gegenstände und Personen animieren den Betrachter, das angedeutete Fallen in seiner Fantasie zu einem vollendeten zu Ende zu denken.
Das zeichnerische Andeuten von folgenden Momenten ist nicht das einzige Mittel, mit dem Busch einen Bewegungsfluss darstellt. Auch die aus zeitlich eng beieinander liegenden Handlungsabschnitten erstellte Bilderfolge unterstützt dies, da sie einen relativ durchgängigen Bewegungsablauf innerhalb dieser Bildsequenz suggeriert.

Nicht nur die Anschaulichkeit und die Übertragung des transitorischen Mittels auf die Zeichnungen rückt diese in die Nähe der dramatischen Aufführung. Ebenso trägt die Perspektive, aus der die Zeichnungen betrachtet werden, dazu bei, dass der Betrachter sich im Zuschauerraum eines Theaters zu wähnen glaubt. So sind die Zeichnungen aus einer meist gleich bleibenden Perspektive dargestellt, die zwar variabel in ihrer Weiten- und Tiefeneinstellung ist, und die oftmals ein Detail herausgreift, doch bleibt die Sicht fast immer eine frontale. Es findet kein nennenswerter Wechsel zu Froschperspektive oder Vogelperspektive statt. Es ist die Perspektive, die der Betrachter eines Bühnenstücks einnimmt. Auf dieser Bühne der Knopp-Trilogie agieren Figuren, die ihrerseits nicht in Kontakt mit dem Betrachter treten. Das heißt, dass sie so gut wie keinen Blick in Richtung „Zuschauer" werfen, dafür aber umso häufiger mit dem Rücken zum Betrachter handeln. Sie agieren nach der Vorschrift von Diderots „Vierter Wand"[83], das heißt, sie handeln als sei kein Zuschauer in der Nähe. Dadurch gerät der Betrachter in eine voyeuristische Position. Diese Haltung aus einer versteckten – da ungesehenen – Position heraus bietet die Basis für Neugierde und Spannung, mit der das Geschehen verfolgt wird.

Während Bilder, die eine fortschreitende Handlung zeigen, aufgrund der visuellen Anschaulichkeit generell Nähe zum Theater suggerieren, so steht ein vermittelnder Erzähler der Imagination einer Bühnenpräsenz entgegen, da er im epischen Verfahren ein Geschehen im Nachhinein vermittelt. Das Unmittelbare und zeitlich Direkte der Bühne wird gestört. Andererseits kann es ebenfalls auf der Bühne vermittelnde Instanzen geben. Diese dienen mittels Verfremdungseffekten der Fiktionsdurchbre-

---

[83] Brincken, Jörg von; Englhart, Andreas: Einführung in die moderne Theaterwissenschaft. Wissenschaftliche Buchgesellschaft: Darmstadt 2008., S. 47.

chung bei komödiantischen Darstellungen,[84] wie dies beim Epischen Theater von Brecht[85] der Fall ist. Doch auch bei einem verfremdeten Drama wird Unmittelbarkeit trotz Erzählinstanz erreicht, da der Verfremdende direkt sichtbar im Augenblick des Wahrnehmens handelt. Ebenso erweckt der Text der Knopp-Trilogie den Eindruck einer Unmittelbarkeit, die an eine dramatische Aufführung erinnert. Der Erzähler selbst scheint im Zuschauerraum zu sitzen und sich die Knopp-Trilogie zusammen mit dem Betrachter anzuschauen. Dadurch treten Betrachter, Erzähler und Figur in ein enges Verhältnis zueinander. Dieses enge räumliche und zeitliche Verhältnis des Erzählers und des Betrachters zum Geschehen wird ausgelöst durch die Kommentare des Erzählers. Das Possessivpronomen „unser/e" und das Personalpronomen „wir"[86] machen sehr deutlich, in welchem Verhältnis der Erzähler sich und den Betrachter zum Geschehen sieht. Der Erzähler nimmt den Betrachter gleichsam an die Hand und kommentiert die „Bühnenshow".

Gegen die Gleichzeitigkeit von Erzählen und Geschehen ließe sich einwenden, dass die Kommentare des Erzählers nicht immer die gerade zu betrachtende Handlung betreffen. Doch dadurch, dass der Erzähler immer wieder seine Präsenz vor der Bühne demonstriert, indem er auf das Bühnengeschehen verweist, wirken seine Analepsen wie nebenbei eingeworfene Erläuterungen für den Betrachter, damit dieser das Geschehen mit ausreichendem Wissen verfolgen kann. So gibt der Erzähler zum Beispiel zu Beginn eines jeden Kapitels von Knopps Reise in den „Abenteuern" eine kurze Erklärung bezüglich der zu besuchenden Person, oder er fasst Wiederholungen mithilfe des Zeitadverbs „[m]anchmal"[87] zusammen. Das sprachliche Entfernen vom aktuellen Geschehen ist stets nur von kurzer Dauer, und der Betrachter wird durch die Zeichnungen an die Handlungspräsenz gebunden. Der Erzähler befindet sich trotz einiger inhaltlicher Abschweifungen durchgängig direkt vor der Bühne.

Die Abschweifungen des Text-Erzählers machen deutlich, dass es zwar um die Präsentation *einer* Geschichte geht, dass diese Geschichte jedoch von *zwei* verschie-

---

[84] Warning, Rainer: Elemente einer Pragmasemiotik der Komödie. In: Das Komische. Hrsg. von Wolfgang Preisendanz und Rainer Warning. München: Fink 1976, S. 311-313.
[85] Brincken, J.; Englhart, A.: Einführung in die moderne Theaterwissenschaft., S. 95.
[86] Busch, W.: Sämtliche Werke., S. 173, 190, 292, 306.
[87] Ebd., S. 153, S. 273.

denen Instanzen präsentiert wird. Da die Komik der Knopp-Trilogie sich aus dem Aufbau eines Geschehens aus zwei mit unterschiedlichen Aussageschwerpunkten zusammengesetzten Sichtweisen generiert, wird für die weitere Untersuchung in Bild- und Text-Erzähler unterteilt. Der Text-Erzähler ist dadurch, dass er sich permanent einbringt, als Figur fassbar, während die Bildpräsentation sich unaufdringlicher Mittel bedient, um das Geschehen darzustellen. So ist es zum Beispiel das in den Vordergrund gerückte Detail, dem mehr Bedeutung zugemessen wird. Im Vergleich zum Text-Erzähler ist der Bild-Erzähler subtiler und als Figur nicht fassbar wie der Text-Erzähler.

Bereits gezeigt wurde, dass der Erzähler den Betrachter mit Hilfe von Personal- und Possessivpronomen einbindet. Zudem wird die räumliche und zeitliche Nähe des Erzählers zum Geschehen auf den Bildern an zahlreichen Deiktika wie den Adverbien „Hier", „da", „jetzt" oder Pronomen wie „dies/er/es"[88] ausgemacht. Der Erzähler zeigt genau auf „dieses" Geschehen, das „hier und jetzt" vor ihnen abläuft.
Weiterhin zeugen die häufig gebrauchten Imperativformen der Verben davon, dass der Text-Erzähler nicht nur die vor ihm ablaufenden Handlungen näher heranholen möchte, sondern dass er den Betrachter konkret mit einzubeziehen bemüht ist. Aufmerksamkeit generierende Imperative wie „Sieh," „Horch," „Schau," „Oha!" „Ei schau!", „und siehe!", „Seht,"[89] sprechen den Leser direkt an und beziehen ihn in das Hier und Jetzt des Geschehens mit ein. Diesen Imperativformen und weiteren lautmalenden Interjektionen attestiert auch Kleemann eine Nähe zur Bühne, da sie der gesprochenen Alltagssprache nahe stehen.[90]
Das enge Verhältnis dient vor allen Dingen der Komik, die durch einen Umschlag zum Tragen kommt, wie in Kapitel 3.3.1 „Der Umschlag"[91] gezeigt werden wird.
Doch dient das Nähe schaffende Verhalten des Erzählers ebenso dazu, eine Vertrauensbasis zwischen ihm und dem Leser aufzubauen. Er bietet sich dem unwissenden Leser als erklärender und auf wichtige Details aufmerksam machender Freund an. Mit Hilfe seiner Leitungsfunktion möchte sich der Erzähler als kompetent und

---

[88] Ebd., S. 177, 179, 182, 184, 203, 219, 228, 250, 251 usw..
[89] Ebd., S. 160, 172, 182, 250, 259, 281, 282, 290, 303, 311.
[90] Kleemann, Fritz: Die Interjektionen bei Wilhelm Busch. In: Wilhelm-Busch-Jahrbuch 1970. Mitteilungen der Wilhelm-Busch-Gesellschaft Nr. 36., S. 15.
[91] s. S. 46-54.

Vertrauen erweckend darstellen, was gerade dann scheitert, wenn von einer anderen Instanz (den Bildern) seine Aussagen revidiert werden.[92] Sein ersuchter Führungsanspruch scheitert stets, sodass es nicht nur zu einem Verlachen der Figuren kommt, sondern zusätzlich zu einem Verlachen des Erzählers. Dies unterstreicht auch Willems, indem er ausführt, dass aufgrund der Bilddarstellung dem Erzähler das „Deutungsmonopol entzogen"[93] wird.

Die Nähe und Vertrauensbasis, die der Erzähler schafft, bilden die Grundlage für die Atmosphäre des Voyeurismus. Diderots These der „Vierten Wand" lässt keine Verbindung von Figur zum Betrachter zu, sodass der Betrachter unentdeckt aus nächster Nähe mit Spannung dem Geschehen folgen kann.

Unterschieden werden soll zwischen räumlicher / zeitlicher Nähe zum Geschehen und der Nähe zur Emotionslage der Figuren. Die Deiktika und Imperativformen generieren räumliche und zeitliche Nähe zum Geschehen, doch wird damit nicht zwingend die Identifikation mit den Gefühlen der Figur erreicht. Diese Aufgabe kommt den Präsentationsformen der zitierten Rede zu.[94] Die Deiktika verweisen auf ein zeitgleiches und raumnahes Dreierverhältnis bestehend aus Figur, Leser und Erzähler, wobei die Relation zwischen Figur und Erzähler / Leser eindimensional nur von Erzähler / Leser zu Figur verläuft und nicht umgekehrt. Die Figur hat kein Wissen von der Existenz des Lesers. Sie wird beobachtet, und das Geschehen wird im Augenblick der Beobachtung vom Erzähler erklärt und kommentiert. So spricht auch Ueding von einem „zuschauenden und berichtenden Beobachter[...]"[95]. Folglich ist der Erzähler in diesem Stück weniger ein Vermittler einer Geschichte, die passiert ist, als vielmehr ein Kommentator eines direkt übertragenen Ereignisses. Der Leser ist sozusagen live dabei – das garantiert Spannung, und er ist andererseits emotional nur so weit involviert, dass das Geschehen für ihn Unernst und Folgenlosigkeit bedeutet. Über die Folgenlosigkeit der Handlungen wird an späterer Stelle

---

[92] s. Kapitel 3.3.3 „Informationsvorsprünge: Wer weiß mehr?", S. 64-79.
[93] Willems, Gottfried: Abschied vom Wahren – Schönen – Guten. Wilhelm Busch und die Anfänge der ästhetischen Moderne. Heidelberg: Universitätsverlag 1998., S. 179.
[94] Martinez, M.; Scheffel, M.: Einführung in die Erzähltheorie., S. 62.
[95] Ueding, Gert: Wilhelm Busch. Das 19. Jahrhundert en miniature. Erweiterte und revidierte Neuausgabe. Frankfurt: Insel 2007., S. 253.

noch ausführlicher gesprochen werden. Einerseits ist das Geschehen innerhalb einer fiktionalen Geschichte generell für den Leser folgenlos, andererseits kann durch Identifikation ein Hineinversetzen in die Lage der betreffenden Figur möglich gemacht werden, sodass die Folgen eines Geschehens nicht nur die Figur betreffen, sondern auch den Leser betroffen machen.

Festzuhalten bleibt: Sowohl Bilddarstellung als auch die Präsentationsform des Textes inszenieren eine Bühnenshow. Der Betrachter wird durch die Art der Darstellung in eine voyeuristische Position gebracht, die ihn das Geschehen mit Spannung verfolgen lässt. Der Text-Erzähler bringt sich dabei aufdringlich als Figur zur Geltung, der den Leser eng an sich binden möchte, während der Bild-Erzähler mit subtileren Mitteln arbeitet. Deren unterschiedliche Sichtweisen und Verhaltensmerkmale bildet die Basis für diverse komische Situationen, die in den folgenden Kapiteln untersucht werden.

Da dem Text-Erzähler eine besondere Rolle beim Aufbau der Komik zukommt, soll zunächst noch detailliert auf seinen Sprachstil eingegangen werden.

3.2 Der Sprachstil des Erzählers

Bisher wurde gezeigt, dass das synchrone Erfassen der Bilder und des Textes einer Theateraufführung gleichkommt. Detailliert wurde darauf eingegangen, mit Hilfe welcher Mittel Text und Bild eine „Bühnenshow" präsentieren, die als Ausgangspunkt der Komik anzusehen ist.

Dabei fiel der Text-Erzähler als ein im Moment des Wahrnehmens Agierender auf. In diesem Kapitel wird untersucht, durch welche Merkmale sich sein Sprachstil hervorhebt und welche Wirkung dies verursacht. Komik aufgrund des klanglichen Aufbaus aus Wort und Reim betont den Spielcharakter.[96] Interessanter jedoch ist das Verhältnis, das der Text-Erzähler aufgrund seines Sprachstils zum Leser aufbaut und inwiefern dies dem Aufbau von Komik dient.

---

[96] Pape, Walter: Wilhelm Busch. Stuttgart: Metzler 1977., S. 86.

Der Satzbau der Knopp-Trilogie zeichnet sich durch eine Häufung von adverbialen Bestimmungen, Pronomen, Präpositionen, Konjunktionen und Adjektiven aus. Der eigentliche Satzaufbau aus Subjekt, Objekt und Prädikat wird erheblich gedehnt. Satzerweiterungen zögern die eigentliche Satzaussage hinaus und verschleiern sie. Ein Beispiel sei der folgende Satz:

> Und auch, wenn er [Knopp] dann und wann
> Etwas nicht alleine kann,
> Ist sie [Dorothee] gleich darauf bedacht,
> Daß sie es zurechte macht.[97]

In diesem Satz existiert kein Nomen. Es wird durch Personalpronomen und Substantivierungen ersetzt. Dadurch verliert die Satzaussage an Deutlichkeit. Sie erhöht den Interpretationsspielraum, der durch die bildliche Darstellung präzisiert wird. Diese Präzisierung kann sowohl das vom Leser Erwartete pointieren als auch der Aussage eine unerwartete Richtung geben.

Knopp kann etwas nicht alleine[98]

Die Aussage „wenn er dann und wann etwas nicht alleine kann" bedeutet in diesem Fall: einen Knopf an die Hose nähen. Doch die Zeichnung zeigt nicht nur Dorothee, wie sie einen Knopf an Knopps Hose näht, sondern, wie sie Knopp einen Knopf hinten an die Hose näht, während er diese trägt. Knopps Unfähigkeit, einen Knopf an die Hose zu nähen, wird somit komisch erweitert durch die Vorstellung, dass er

---

[97] Busch, W.: Sämtliche Werke., S. 150.
[98] Busch, W.: Sämtliche Werke., S. 150.

nicht in der Lage ist, sich hinten an die Hose einen Knopf anzunähen, während er diese trägt. Das Bild präzisiert die Imagination von „etwas nicht so gut alleine können" so weit, dass der Leser über die Information „Knopp kann nicht alleine einen Knopf annähen" (was Komik aufgrund seiner mangelnden Fähigkeiten heraufbeschwören kann) hinaus geführt wird zu der Aussage „Knopp kann seinen Knopf nicht alleine an die Hose nähen, während er diese trägt" (was zusätzlich Komik hervorruft aufgrund der Unmöglichkeit, eine solche Fähigkeit zu besitzen). Text und Bild arbeiten kooperativ zusammen und spielen mit der unspezifischen Aussage von „etwas nicht können".

Präzisiert das Bild hingegen eine Aussage in der Weise, dass die Aussage sich als falsch herausstellt, so entsteht oftmals Ironie. Der Text-Erzähler sagt etwas, „was sein sollte, als glaube [er], es sei genau das, was es ist."[99] Doch der Bild-Erzähler widerlegt diese Aussage. So betont auch Kraus das ironische Verfahren bestehend aus übertrieben theatralisch agierendem Text-Erzähler und Widerlegung durch die Zeichnungen.[100] Als Beispiel soll hier die Zusammenarbeit von Text und Bild in dem Kapitel „Ein Mißgriff" dienen. Die Aussage: „Und morgens in früher Dämmerung / Hat Knopp eine schöne Beschäftigung."[101] wird durch die Darstellung eines äußerst mürrisch ausschauenden Knopp als ironisch enttarnt. Die Aussage meint genau ihr Gegenteil. Dem Bild wird letztendlich aufgrund seiner detaillierten Anschaulichkeit die wahre Aussage zugestanden. Ob die Aussage des Erzählers als ironisch gesehen wird, oder aber der Erzähler als inkompetent eingestuft wird, hängt von der Einstellung des Lesers zum Erzähler ab.

---

[99] Bergson, H.: Das Lachen., S. 87.
[100] Kraus, Joseph: Wilhelm Busch in Selbstzeugnissen und Bilddokumenten. 3. Auflage. Reinbek: Rowohlt 1974.
[101] Busch, W.: Sämtliche Werke. Bd. 2., S. 231.

Knopp mit schöner Beschäftigung[102]

Der Sprachstil des Text-Erzählers zögert die Satzaussage hinaus und verschleiert sie. Die sukzessive Aufnahme des Textes wird dadurch betont und gedehnt. Erst die plötzliche Anschaulichkeit des Bildes präzisiert die Aussage. Die künstliche Dehnung des Textes bewirkt Spannung, die mit der Anschaulichkeit des Bildes gelöst wird und in Heiterkeit überführt werden kann. Vergleicht man den Text mit einem Gummiband, so wird die Spannung deutlich, die hinzukommt, wenn er gedehnt wird.

Relativsätze markieren das Sprachniveau des Textes. Wenn der Erzähler sich unter Einbeziehung von Relativsätzen an den Leser wendet, so spricht er mit ihm wie mit einem Kind. An einer Stelle moniert der Erzähler zum Beispiel: „Aber Knopp, der findet was."[103] Die Erweiterung mit Relativpronomen bedeutet zum einen eine Verlängerung der Satzaussage „Aber Knopp findet was." Gleichzeitig erzeugt die doppelte Benennung des Subjekts – einmal als Nomen, einmal als Relativpronomen – eine Hervorhebung desselben. Zum anderen erinnert ein Satzbau dieser Art an gesprochene Sprache, insbesondere an gesprochene Sprache Kindern gegenüber. Auch Kindern gegenüber wird oft erläuternd mit einem Relativpronomen das Nomen wiederholt. Derjenige, der erläuternd die Dinge erklärt und in der Weise betont,

---

[102] Ebd., S. 231.
[103] Ebd., S. 166.

dass sie durch Wiederholung deutlich werden sollen, begibt sich selbst in eine höhere, besser-wissende Position. Wenn nun der Erzähler den Satzbau in dieser Weise gestaltet, so versetzt er den Leser in die Position des unwissenden Kindes, dem die Sachlage deutlich gemacht und durch Wiederholung erklärt werden muss. Wie eine Vertrauensperson bietet sich der Erzähler dem Leser an und erklärt ihm die Vorkommnisse. Dieses für die Komik der Knopp-Trilogie oftmals ausschlaggebende Gebaren des Erzählers wird insbesondere in Kapitel 3.3.5 „Von Künstlichkeit und Einfühlung: verlachen oder mitlachen?" konkretisiert.

Die Erörterung alltäglicher Themen zeigt den Erzähler als jemanden, der dem Banalen großen Raum zuspricht. So wird nicht nur der Aufbewahrungsort für das warme Mittagessen diskutiert, ebenfalls wird das Backen eines Pfannekuchens zur Kür erhoben.[104] Banalitäten des Alltags wie „Ein loses leises Kribbelkratze"[105] auf der Glatze werden als erzählenswert emporgehoben. Empfindungen des Alltags, Kleinigkeiten, die sich normalerweise der Mitteilung durch Nichtigkeit entziehen, werden zu einer mitteilungswürdigen Wichtigkeit erhoben. Das Kleine beansprucht den Raum eines Großen, bläht sich künstlich auf. Entgegen Lipps Theorie, nach der sich das Kleine erst im Nachhinein als etwas Kleines zu erkennen gibt und zunächst als etwas Großes scheint,[106] wird hier festgehalten, dass von Anfang an bekannt ist, dass es eine Winzigkeit ist, die den Raum beansprucht. Komik entsteht durch die Diskrepanz von bereitgestelltem großen Raum und geringem Stellenwert des sich darin Ausbreitenden. Ob es nun heißt: „Heute mal wird nur gebetet"[107], „Nachdem die Liese aufgetischt, / Hat Doris ihm den Trank gemischt"[108] oder „Grad gibt es den Abend auch Frikadellen, / Die unbeliebt in den meisten Fällen"[109], die Trilogie besteht aus Alltäglichem, das als erzählenswert emporgehoben wird.

Während der Erzähler dem Alltäglichen verhaftet bleibt, versucht er gleichzeitig dem Werk durch eine philosophische Einleitungspassage erhabene Größe zu ver-

---

[104] Ebd., S. 228.
[105] Ebd., S. 229.
[106] Lipps, Th.: Grundlegung der Ästhetik. Die befriedigte und enttäuschte Erwartung., S. 90f..
[107] Busch, W.: Sämtliche Werke., S. 183.
[108] Ebd., S. 226, S. 227.
[109] Ebd., S. 237.

schaffen. Sokrates wird als Beispiel gebend herangeholt, um auf Knopps Stimmungstief zu sprechen zu kommen. Die beiden semantischen Bereiche lassen sich jedoch nicht kongruent unter einen gemeinsamen Begriff ordnen. So hält auch Bergson fest, dass Komik entsteht, „wenn man den natürlichen Ausdruck einer Idee in eine andere Tonart überträgt."[110]

Die inkongruenten semantischen Bereiche werden durch das Stilmittel des Reims künstlich zu einer Einheit verbunden. Imm manifestiert den „Reim als eine Kraft, die weit auseinanderliegende Vorstellungen miteinander verbindet."[111] So wird gerade durch das Gestaltungsmittel des Reims die Zusammengehörigkeit im syntaktischen Bereich betont, während gleichzeitig im semantischen Bereich gegensinnige Vorstellungen hervorgerufen werden. Das gleiche gilt für die Einheit innerhalb des Reims bei gleichzeitiger Vermengung der Zeiten Präteritum und Präsens.[112] Wenn einerseits eine Einheit betont wird, diese aber mit Gegensinn gefüllt wird, so entsteht Unlogik. Der Erzähler präsentiert sich als ein Weiser des Alltag und offenbart damit sein geringes Niveau.

So werden in den Kreislauf der Pflanzenvegetation Menschen eingefügt, wenn es mit an pflanzliches Dasein konnotiertem Verb heißt: „Rosen, Tanten, Basen, Nelken / Sind genötigt zu verwelken"[113]. Komisch wirkt dies, da verschiedene Wertigkeiten auf eine Stufe gestellt werden. Das Tätigkeitsverb aus dem pflanzlichen Bereich gilt für alle gleichermaßen: für Tanten und Basen ebenso wie für Rosen und Nelken.

Den Beweis seines besseren Wissens tritt der Erzähler dadurch an, dass er sein Wissen mit Hilfe des generalisierenden, unpersönlichen Personalpronomens „man" zu einer feststehenden Regel emporhebt. Dieses Pronomen erzeugt normalerweise einen unpersönlichen, distanzierenden Modus und arbeitet somit der bisherigen Argumentation, dass der Text-Erzähler dem Leser und dem Geschehen nahe steht, und dass es dem Erzähler um das Übertragen einer Stimmung geht, entgegen. Das unpersönliche Personalpronomen in der Knopp-Trilogie übernimmt jedoch weniger die Aufgabe des Distanzierens als vielmehr die Aufgabe des Generalisierens, des

---

[110] Bergson, H.: Das Lachen., S. 84.
[111] Imm, Karsten: Absurd und Grotesk. Zum Erzählwerk von Wilhelm Busch und Kurt Schwitters. Bielefeld: Aisthesis 1994., S. 94.
[112] Busch, W.: Sämtliche Werke., S. 164, S.172, S. 175, S. 178, S. 180, S. 206, S. 208 usw..
[113] Ebd., S. 155.

Betonens einer Regelhaftigkeit. Wenn der Erzähler über den schlecht gelaunten Knopp sagt: „[...] Man hört ihn brommen"[114], so wird dieses „Brommen" zu etwas Regelhaftem, das nicht so leicht zu durchbrechen ist. Und tatsächlich schafft es auch erst das „leise[ ] Wörtchen"[115] von Frau Knopp, Herrn Knopps Stimmung umzukehren. Der Erzähler erhebt sich zum Wissenden, der sich bestens mit generellen Stimmungen und Handhabungen auskennt. Dass diese Allgemeingültigkeit nicht für den speziellen Einzelfall gilt, damit kontrastiert dann der Bild-Erzähler, der zeigt, wie es nicht im Allgemeinen zugeht, sondern was genau in dem speziellen Fall geschieht, und damit widerspricht er sehr oft den Aussagen des Text-Erzählers. So belehrt der Text-Erzähler über die Gepflogenheiten des Gasthausbesuches im Kapitel „Freund Mücke" auf folgende Weise:

> Junge Hähnchen, sanft gebraten,
> Dazu kann man dringend raten,
> Und man darf getrost inzwischen
> Etwas Rheinwein drunter mischen.
> Nötig ist auf alle Fälle,
> Daß man dann Mussö bestelle.
> Nun erfreut man sich selbdritt,
> Denn Kathinka trinket mit!- [116]

Diese, vom Text-Erzähler scheinbar auf das Essen bezogenen Ratschläge, werden im Bildbereich mit Mückes Zuneigung zu Kathinka untermalt, sodass die Worte aus dem semantischen Bereich des Essens plötzlich mit dem Bereich der Sexualität vermengt werden. Und so wird aus dem sanft gebratenen Hähnchen eine wohlproportionierte junge Frau, zu der „man" dann doch lieber nicht raten sollte. Es sei denn „man" möchte sich Ärger einhandeln.

---

[114] Ebd., S. 259.
[115] Ebd., S. 263.
[116] Ebd., S. 193.

Das junge Hähnchen[117]

Das Angeschaute zeigt etwas anderes beziehungsweise etwas weiter Reichendes als mit dem Text zunächst konnotiert wird. Schopenhauers Inkongruenztheorie[118] kommt insofern zum Tragen, als dass zwei Bereiche mit einer Begrifflichkeit angesprochen werden, die sich miteinander nicht kongruent einordnen lassen. Während der Erzähler mit scheinbar allgemein geltenden Belehrungen unter Verwendung des Personalpronomens „man" versucht, Kenntnisse im Bereich der Gastronomie aufzuweisen, wird er durch das direkt wirkende Angeschaute überlagert, und der Text erhält dadurch eine doppelte Deutungsmöglichkeit, die aufgrund ihrer Zugehörigkeit zu unterschiedlichen Bereichen Komik generiert. Diese „Fertigkeit, mit überraschender Schnelle mehrere Vorstellungen, die nach ihrem inneren Gehalt und dem Nexus, dem sie angehören, einander eigentlich fremd sind, zu *einer* zu verbinden"[119], ordnet Vischer dem Witz zu. Und so führt auch Buschs Kunst der Wortsemantik immer wieder zu witzigen Vorstellungen.

Nicht durch Generalisieren, sondern durch Wiederholung wird an weiteren Stellen die Regelmäßigkeit, die Regelhaftigkeit betont. Viele Kapitelanfänge und -ausgänge sind durch Repetitionen gekennzeichnet, ebenso einige Stellen innerhalb einzelner Szenen. Sowohl die Kapitelanfänge des ersten Buches als auch die meisten des dritten Buches wiederholen sich. Die drei Bücher insgesamt enden stets mit dem

---
[117] Ebd., S. 191.
[118] Schopenhauer, A.: Die Welt als Wille und Vorstellung., S. 541.
[119] Vischer, F.Th.: Über das Erhabene und Komische., S. 191.

Zuziehen des Vorhangs. Innerhalb der Kapitel gibt es zum Beispiel Reimwiederholungen im Kapitel „Ein Missgriff" als auch im Kapitel „Ein festlicher Morgen".[120] Thematisch endet jede Besuchszene des ersten Buches auf die gleiche Weise: Knopp flieht. Das Mittel der Repetition, der Kreislauf aus kausaler Folge, die immer wieder am Ausgangspunkt ankommt, unterstützt laut Bergson die Komik. Denn dieser Kreislauf zeigt das Scheitern jeglicher Bemühungen. Am Ende ist „alles wieder an seinem gewohnten Platz"[121]. Die Erwartungshaltung des Rezipienten konzentriert sich bezüglich des Ausgangs der Besuche nicht auf die Frage, ob Knopp erfolgreich sein wird, sondern wie er scheitern wird. Die Erwartung des Scheiterns erfährt eine Bestätigung. Das Erahnte tritt ein, und der immer wiederkehrende Anfangs- und Endreim unterstützt dieses Spiel. Dieser Mechanismus der Wiederholung steht der Lebendigkeit entgegen und wird laut Bergson korrigierend verlacht.[122] Ein durch Schadenfreude gekennzeichnetes Verlachen ist laut Klotz der gesellschaftlichen Entwicklung zu Buschs Zeiten geschuldet. Denn in einer Gesellschaft, in der nur der erfolgreich ist, der andere hinter sich lässt, kommt die Freude aufgrund des Schadens eines anderen zur Entfaltung.[123]

Doch ebenso dient die Wiederholung, das Schematische dem Spielerischen, wobei die Leichtigkeit des Spiels, das Nicht-Ernst-Nehmen im Vordergrund steht und die Grundlage für die Komik bildet. Bonati vergleicht die Handlungen als auch die Darstellung in den Werken Buschs mit Faktoren der Spieltheorie und kommt zu dem Schluss, dass die Bildergeschichten ein „künstlerisches Spiel"[124] darstellen.

Bereits im vorigen Kapitel wurde festgehalten, dass es viele Imperative gibt. Diese wie auch die verwendeten Interjektionen bringen Kürze und Schwung in die Satzmelodie und kreieren so die Basis für eine heitere Stimmung. Die Mischung aus Schwung und Verzögerung lässt Komik auf unterschiedliche Weise zur Entfaltung kommen: Auf der Ebene der Satzmelodie wird Heiterkeit erzeugt, und im semantischen Bereich durch die Verzögerung der Satzaussage erfolgt Spannungserzeugung.

---

[120] Busch, W.: Sämtliche Werke, S. 231, S. 233, S. 236; S. 287-289.
[121] Bergson, H.: Das Lachen, S. 61.
[122] Ebd., S. 62f..
[123] Klotz, Volker: Was gibt's bei Wilhelm Busch zu lachen? In: Die boshafte Heiterkeit des Wilhelm Busch. Hrsg. von Michael Vogt. Bielefeld: Aisthesis 1988., S. 47.
[124] Bonati, Peter: Zum Spielcharakter in Buschs Bildergeschichten. In: Die boshafte Heiterkeit des Wilhelm Busch. Hrsg. von Michael Vogt. Bielefeld: Aisthesis 1988., S. 98.

Festzuhalten bleibt, dass der Erzähler durch den von ihm verwendeten Sprachstil zum einen durch Verzögern Spannung erzeugt, zum anderen durch den Gebrauch von kurzen Sätzen und Ausrufen Schwung und Heiterkeit überträgt. Er tritt als ein Wissender auf, der den Leser wie ein Kind belehrt. Indem er sich als Weiser des Alltags präsentiert, offenbart er sein geringes Niveau, und an Stellen, an denen er durch Generalisieren und Verallgemeinern Wissen zeigen möchte, wird er oftmals vom Bild-Erzähler widerlegt. Bild- und Text-Erzähler kooperieren längst nicht immer harmonisch, und dem Bild-Erzähler wird aufgrund seiner präzisen Anschaulichkeit mehr Glauben geschenkt, sodass die Enttarnung des sich als informiert gebenden Text-Erzählers Heiterkeit aufgrund von Schadenfreude kreiert.

Wie verschieden die Komik an einzelnen Stellen aufgebaut sein kann, und dass sie jeweils unterschiedlichen Komiktheorien Vorschub leistet, wird in den nachfolgenden Kapiteln detailliert analysiert werden.

3.3 Der Blick auf einzelne Szenen: verschiedene Möglichkeiten der Komikentfaltung

Komik kann auf unterschiedliche Weise zur Entfaltung kommen. Dies wurde bereits im Kapitel 2. „Theorien der Komik. Ein historischer Überblick über die Grundlagen einiger Komik-Theorien" herausgearbeitet. So kann ein überraschender Handlungsumschlag ebenso zum Lachen anregen wie eine Szene, in der mit pantomimischer Darstellung komische körperliche Verrenkungen dargeboten werden. Dementsprechend vielfältig gestalten sich die komischen Szenen in der Knopp-Trilogie. In den folgenden Unterkapiteln werden anhand von Beispielen verschiedene Möglichkeiten der Komikentfaltung erarbeitet und die für sie geltenden Bedingungen bestimmt.

3.3.1 Der Umschlag

Den Umschlag halten die meisten Autoren der im zweiten Kapitel vorgestellten Theorien für ein elementares Merkmal der komischen Situation. So beinhaltet Kants Erwartungsauflösung ebenso einen Umschlag wie Vischers Auftreten eines Zufalls oder Hobbes Bedingung der Plötzlichkeit.[125] Diese sich ähnelnden Begrifflichkeiten beinhalten stets, dass etwas Neues mit Schnelligkeit eintritt, das nicht erwartet wurde. Der Betrachter der komischen Situation wird überrascht.

Innerhalb von Buschs Werken kommen oftmals plötzliche Umschläge zur Entfaltung. So sieht Siepmann Buschs Werk als den „Ursprung der Moderne"[126] an, da Busch die zeichnerisch dargestellte Plötzlichkeit mit der Explosion bei Lehrer Lämpel erfunden habe, indem er mit fokussierendem, Raumtiefe schaffendem weißen Kreis und aus diesem heraussprengenden, auf den Bildrand zulaufenden Linien und durch die Luft wirbelnden Gegenständen inklusive Lehrer Lämpel der Sprengkraft der Schießbaumwolle Ausdruck verleiht.

Der Beginn der Plötzlichkeit[127]

Diese und ähnliche „Explosionen" bekunden einen Wechsel der zuvor gegebenen Situation. Dabei arbeiten Bild und Text eng zusammen. Deren kooperativer Aufbau soll ausführlich analysiert werden. Doch zunächst wird anhand von Isers Theorie an

---

[125] Vgl. Kapitel 2. „Theorien der Komik. Ein historischer Überblick über die Grundlagen einiger Komik-Theorien"., S. 8-28.
[126] Siepmann, Eckhard: Moderne Zeiten. Buschs kunstvoller Umgang mit Zeitstrukturen. In: Pessimist mit Schmetterling. Wilhelm Busch – Maler, Zeichner, Dichter, Denker. Hrsg. von Wilhelm-Busch-Gesellschaft e.V.. Hannover: 2007., S. 22.
[127] Ebd., S. 22.

einem exponierten Beispiel gezeigt, was bei einem Handlungsumschlag ausgelöst wird.

Ein plötzlicher Handlungsumschlag wird dadurch hervorgerufen, dass eine Figur eine bestimmte Handlung beabsichtigt, doch bevor diese umgesetzt werden kann, geschieht etwas Unerwartetes. Dieser überraschende Umschlag bringt die Position der Figur zum Kippen. Sie ist mit der neuen Situation überfordert, ihre Handlungsintention kippt. Die Veränderung der Lage erzeugt innerhalb des Handlungsgefüges Instabilität, in die – gemäß Isers Theorie - weitere Positionen hineingezogen werden.[128] Die Figuren werden in ihrer beabsichtigten Handlung gestoppt, müssen die neue Situation sondieren, müssen sich neu orientieren und bringen dabei weitere Positionen zum Kippen, da infolge des ersten Kippens die gesamte Situation instabil geworden ist.

Wenn Knopp in banger Erwartung und Hoffnung auf Adeles Liebe an ihre Tür klopft, so wird seine Handlungsintention in dem Moment zerstört, in dem er die dürre, langnasige Adele erblickt.[129]

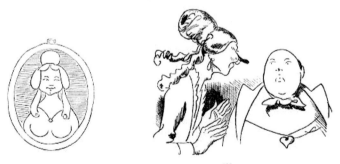

Unerwartete Veränderungen[130]

---

[128] Iser, W.: Das Komische: ein Kipp-Phänomen., S. 399f..
[129] Busch, Wilhelm: Sämtliche Werke. Bd. 2., S. 157.
[130] Ebd., S. 157.

Knopps Gefühlsposition kippt, seine Verliebtheit schlägt um in Aversion. Nach Iser verblüfft eine unerwartete Handlungswendung ebenso den Leser, sodass dieser in die instabile Struktur mit hineingezogen wird und sich in dem Durcheinander neu orientieren muss. Aus dieser Verblüffung befreit sich der Leser durch Lachen, das somit eine „Krisenantwort des Körpers"[131] darstellt. In der Tat kann der Betrachter der Szene ebenso überrascht sein über Adeles äußeres Erscheinungsbild wie Knopp selbst, denn es entspricht nicht dem zuvor gezeigten Bild aus Knopps Erinnerung. Die Plötzlichkeit des gezeigten Wandels verblüfft – nicht nur die unerwartete Erscheinung Adeles, sondern ebenso die kippende Position Knopps und die sich ins Schwärmerische gewandelten Gefühle Adeles. Nichts passt in dieser Szene mehr zueinander, weder die Gefühlspositionen der Akteure noch deren Handlungsintentionen, denn hatte Knopp vorher noch auf eine derartig erfreute Reaktion Adeles gehofft, so verharrt er nun in einer widerwilligen Starre.

Der überraschende Moment erzeugt eine unlogische Aufgabenstruktur, da alle Handlungen und Gefühle in Disharmonie zueinander stehen. Diese „Unlösbarkeit der durch die komische Struktur gesetzten Aufgabe"[132] erzeugt die Komik.

Während der Betrachter seine Verblüffung in Lachen auflösen kann, kann Knopp dies nicht. Für ihn hat das Geschehen Konsequenzen. Um sich aus dieser Struktur zu befreien, muss er handeln. Und so flieht er, während der Leser das Geschehen als folgenlos betrachten kann. Die Folgenlosigkeit des Geschehens, ihre Enthebbarkeit ist laut Stierle eine elementare Bedingung der Komik.[133] Die Bedingung der Folgenlosigkeit steht in Relation zum Faktor „Abstand zu den Emotionen der Figur". Das bedeutet, dass die Betroffenheit gegenüber den Gefühlen der Figur so weit reduziert werden kann, dass der Betrachtende selbst dann Komik empfindet, wenn es zum Tode einer Figur kommt. Bedingung hierfür ist, dass der Leser emotional nicht an die Betroffenheit der Figuren gebunden ist, dass er in Bezug auf deren Leiden einen genügend großen Abstand erhält.

---

[131] Iser, W.: Das Komische: ein Kipp-Phänomen., S. 400.; Iser folgt hierin Plessner, H.: Lachen und Weinen., S. 203f..
[132] Stierle, K.: Komik der Handlung, Komik der Sprachhandlung, Komik der Komödie., S. 249.
[133] Ebd., S. 251.

Wie bereits in Kapitel 3.1 „Die Bühnenshow" erarbeitet wurde, ist zwischen der Nähe zum Geschehen und der Nähe zu den Gefühlen der Figur zu unterscheiden.[134] Nähe zum Geschehen wird durch einen plötzlichen Umschlag der Handlung erreicht, indem - Isers Theorie folgend - der Leser in das Durcheinander aus kippenden Positionen hineingezogen wird. Das Kippen führt zur Verblüffung und diese kann in Lachen aufgelöst werden. Der Abstand zu den Empfindungen der Figur muss so geregelt sein, dass er bei für die Figur schwerwiegenden Folgen ein Mitleiden verhindert. Sind die Handlungskonsequenzen für die Figur andererseits nicht groß, so sind auch erzähltheoretische Maßnahmen möglich, die eine Identifikation mit der Figur forcieren. Der Leser ist dann beim Kippen der Situation an das Geschehen und an die Emotionen der Figur gebunden, ist aber aufgrund des geringen Schadens für die Figur in der Lage zu lachen.

Innerhalb der Adele-Szene arbeiten Text und Bild handlungsfortschreitend zusammen. Das Bild offeriert dabei das, was der Text nicht mit plötzlicher Anschaulichkeit zu präsentieren vermag: das veränderte Aussehen Adeles. Dieses müsste innerhalb des Textes sukzessiv beschrieben werden. Dabei würde aufgrund der Form der Beschreibung die Nähe und Unmittelbarkeit des Angeschauten verloren gehen. Doch wird der Text nicht durch das Bild verdrängt, sondern jener fügt sich zu einem Handlungsganzen ein, indem er im direkten Modus Adeles geänderte – nun Knopp begehrende – Gefühlslage präsentiert: „'Himmel!', ruft sie, ‚welches Glück!'"[135] Der Text agiert in direkter Rede im dramatischen Modus. Die Mittelbarkeit ist gering, das heißt, der Erzähler ist beinahe eliminiert, und das Geschehen wird direkt auf den Leser ausgerichtet. Unmittelbarkeit bei Text und / oder Bild forciert Überraschung und Verblüffung.

Während der Text an dieser Stelle Adeles Gefühle überraschend unmittelbar offeriert, ist es ebenso möglich, dass der Text eine Information in geraffter, mittelbarer Form überbringt. Um Überraschung auszulösen, benötigt er nun die präzisierende Zeichnung. Dies geschieht zum Beispiel im Kapitel „Babbelmann", als Knopp sich von diesem verabschiedet. Der Text beinhaltet in nicht spezifizierter Form die

---

[134] s. Kapitel 3.1 „Die Bühnenshow"., S. 34/35.
[135] Busch, W.: Sämtliche Werke. Bd. 2., S. 157.

geraffte Aussage, wie er sich verabschiedet: „Äußerst höflich, aber kalt.-"[136] Das Bild konkretisiert das prädikative Adjektiv „kalt", indem es einen sich falsch herum verbeugenden Knopp zeigt, dessen Regenschirm die Nase von Frau Babbelmann attackiert.

Lässt der Text noch einen Interpretationsspielraum zu, innerhalb dessen der Leser die Aussage „höflich, aber kalt" auslegen kann, reicht ein Blick zum Bild, um diesen pointiert einzuschränken.

Knopp verabschiedet sich[137]

Das Bild mit seiner statischen Momentaufnahme, das nicht wie ein Text erst sukzessiv erfasst werden muss, wirkt unmittelbar und überrascht aufgrund der dargestellten Härte, mit der der vermeintliche Interpretationsspielraum des Lesers nun gefüllt wird.

Ähnlich funktioniert die Zusammenarbeit von Text und Bild im Kapitel „Eine alte Flamme", als es zu Adeles Hilferufe aufgrund der sie bedrängenden fremden Hunde interpretationsoffen heißt: „Knopp hat keinen Sinn dafür."[138] Das Bild zeigt, wonach Knopp in dem Moment der Sinn steht: er flieht, ist schon halb zur Tür heraus.

---

[136] Ebd., S. 184.
[137] Ebd., S. 184.
[138] Ebd., S. 159.

Auch die zusammenfassende Aussage „Knopps Vermittlung will nicht glücken"[139] im Kapitel „Ein schwarzer Kollege" präzisiert die missglückte Vermittlung als einen zu Fall gebrachten Tobias Knopp.

Knopps Vermittlungsversuch[140]

Die Anschaulichkeit des statischen Bildes ermöglicht die direkte Wirkung und löst so in Zusammenarbeit mit dem Text die Überraschung aus. Diejenigen Bilder hingegen, die bereits Bewegung in sich selbst tragen, da sie mit Hilfe von Linien, fallenden Gegenständen und Personen Schwung vermitteln, dienen nicht so sehr der Überraschung, da sie nicht die Plötzlichkeit des Umschlags fokussieren, sondern einen transitorisch gedehnten Moment. Somit bildet die Plötzlichkeit suggerierende Lehrer Lämpel-Szene, die zu Beginn dieses Kapitels angesprochen wurde, eine Ausnahme, die mit zeichnerischer Brillanz einen wahrhaft kurzen, alles verändernden Moment darstellt. Dahingegen gebiert zum Beispiel die Prügel-Szene in Julchens Schlafgemach eher Komik aufgrund des Chaos', das sie aussendet, als durch Plötzlichkeit.[141] Ebenso generieren Bilderfolgen einen gedehnten Handlungsablauf und bedienen andere Komik auslösende Faktoren als die des Umschlags. Diese Präsentationsformen werden in den folgenden Kapiteln behandelt.

---

[139] Ebd., S. 163.
[140] Ebd., S. 163.
[141] Ebd., S. 314.

Die Fähigkeit des Bildes, mit plötzlicher Anschaulichkeit Situationsmomente und Stimmungen aufzuzeigen, fehlt dem Text aufgrund des Zeichencharakters seiner Buchstaben, die in sukzessiver Folge aufgenommen werden und in Bilder und Handlungen mit Hilfe der Imagination umgesetzt werden müssen. Doch Busch gleicht diese Schwäche des Textes aus, indem er an den Textstellen, die Plötzlichkeit simulieren sollen, sich kurzer lautmalender Ausrufe bedient. Die Interjektionen veranschaulichen den aus abstrakten Zeichen bestehenden Text. Sie unterstützen „den bildlich dargestellten Vorgang in seiner unverhofften Plötzlichkeit nun auch noch von der sprachlichen Seite her"[142].

Ein „Rums!" oder „Plumps!" suggeriert jedoch nicht nur Plötzlichkeit, es ist ein auditives Attribut, das zur Plötzlichkeit zusätzlich die Geräuschkulisse versinnbildlicht. Dies hebt auch Kleemann hervor, indem er sagt, dass die „onomatopoetische Interjektion […] einen Außenwelteindruck möglichst treffend und wirklichkeitstreu wieder[gibt]."[143] Knopps Sturz beim „Ländliche[n] Fest"[144] wird nicht nur gesehen, das „Rums!" lässt den Fall hörbar werden. Bezeichnenderweise sind diese Interjektionen oftmals vom weiterführenden Text abgesetzt. Sie stehen meist am Zeilenanfang an einer herausgehobenen Position, sodass zuerst die akustischen und optischen Zeichen wirken können, bevor der sukzessiv aufzunehmende nüchterne Text – oft mit externer Fokalisierung – informiert, was geschehen ist: „Der Franz entfernt die Bank". Vom zeitlich kausalen Ablauf her hätte die Interjektion „Rums!" nach der Aussage stehen müssen. Doch die Plötzlichkeit und ihre akustische Wirkung lässt sie an den Anfang rücken. Die anschauliche, sinnliche Darstellung wird nach vorne gerückt. Erklärende Ausführungen werden nach hinten gesetzt. Ebenso geschieht dies zum Beispiel bei dem überraschenden Erscheinen von Frau Sauerbrot. Dort heißt es erst ausrufend, dann erklärend: „Knarr! – Da öffnet sich die Tür."[145]

Diese Interjektionen schaffen nicht nur eine zeitliche Nähe, sondern ebenso eine räumliche, zum einen dadurch, dass der Leser von dem Geschehen verblüfft und in die Situation hineingezogen wird, zum anderen dadurch, dass das quasi gehörte Geräusch den Leser zu einem dem Geschehen Beiwohnenden beziehungsweise –

---

[142] Kleemann, F.: Die Interjektionen bei Wilhelm Busch., S. 19.
[143] Ebd., S. 17.
[144] Busch, W.: Sämtliche Werke. Bd. 2., S. 175.
[145] Ebd., S. 203.

wie bereits in Kapitel 3.1 erörterten Text- und Bildgestaltung gezeigt – ihn zu einem Voyeur der nächsten Umgebung macht. Die Geräusche darstellenden Interjektionen können – anders als ein ausrufendes „Sieh!" – als direkte Geräuschkulisse innerhalb der Szene interpretiert werden. Sie werden mit interner Fokalisierung wahrgenommen, können als akustische Wahrnehmung einer Figur angenommen werden. Ein „Knarr!" muss nicht aus dem vermittelnden Mund des Erzählers kommen, sondern kann ebenso als direktes Geräusch der Tür interpretiert werden, das gerade die Figur und den Leser überrascht.

Insgesamt bleibt festzuhalten, dass ein Umschlag Positionen zum Kippen bringt und dass der Leser / Betrachter in diese instabile Struktur mit hineingezogen wird. Es besteht eine Nähe zum Geschehen, die jedoch nicht gleichbedeutend ist mit der Nähe zu den Emotionen der Figur. Nähe zum Geschehen und Überraschung werden mit Hilfe des direkten Modus' generiert. Das Bild mit seiner direkten Anschaulichkeit präsentiert dem Betrachter leichter plötzliche Veränderungen als der sukzessiv zu erfassende Text. So wird Adeles körperliche Veränderung mit der Unmittelbarkeit des Bildes dargestellt. Es handelt sich hierbei jedoch oftmals nicht um einen Alleingang der Zeichnungen, sondern um eine präzise Zusammenarbeit von Text und Bild. Das Bild trägt ebenso zur Verblüffung bei wie der Text in direkter Rede, der Adeles gewandelte Gefühle präsentiert. Innerhalb eines Umschlags erhöht der Text oftmals seine Anschaulichkeit mit Hilfe der lautmalenden Interjektionen.
Eine weitere Möglichkeit der Zusammenarbeit gestaltet sich durch raffenden Text und präzisierendem Bild. Hierbei kann sich das Zusammenspiel entweder kooperativ harmonisch oder aber widersprechend gestalten. Der Text, der Interpretationsspielraum zulässt, wird mit dem Bild konfrontiert, das diesen in unerwarteter Weise auslegt und pointiert. Diese Konfrontation oder aber unerwartete Präzisierung überrascht und vergnügt.
Bedingung für einen Umschlag ist, dass mindestens ein Darstellungsmittel im unmittelbaren Modus steht und durch Direktheit überrascht.

3.3.2 Normverletzung und Replik

Nach Jüngers Theorie entsteht Komik durch eine Replik auf eine Normverletzung. Mit der Replik wird die Norm wieder hergestellt. Das Lachen gilt als Bestrafung für die Regelverletzung.[146] Da Jüngers Theorie die Wiederherstellung eines gesellschaftlichen Konzeptes fokussiert, spielen bei ihm psychische Faktoren wie der Überraschung auslösende Umschlag keine Rolle. Der Betrachter einer komischen Situation wird nach Jünger nicht überrascht, sondern erkennt vielmehr den Regelbruch als aussichtslose Provokation. Mit dieser Erkenntnis kann er sich dem Komik Auslösenden gegenüber als überlegen ansehen, da er die Sinnlosigkeit des Regelbruchs durchschaut. Das Lachen ist ein Verlachen gegen den Provokateur, während nach Isers Theorie das Lachen dem Lachenden selbst dient, indem es dazu gebraucht wird, die eigene Verwirrung zu überwinden.

Anhand der folgenden Szene aus „Ein frohes Ereignis"[147] wird gezeigt, dass es innerhalb von Normverletzungen sowohl zu einem Lachen aufgrund eines Umschlags kommen kann, als auch aufgrund der von Jünger fokussierten Wiederherstellung von Normen.

In dieser Szene verstößt die Figur Sauerbrot gegen die Norm des guten Anstands, indem er den Tod seiner Frau bejubelt. Das bleibt nicht ungesühnt: Die vermeintliche Tote steht plötzlich in der Tür und sorgt durch den damit ausgelösten Schrecken dafür, dass Sauerbrot an ihrer statt tot umfällt. Demgemäß kann nach Jünger festgehalten werden: Sauerbrots Normverletzung wird durch eine Replik bestraft und verlacht. Doch kann diese Szene in mehrere Abschnitte eingeteilt werden, die jeweils für sich in der Lage sind, Heiterkeit zu generieren.

So wird der Leser gleich zu Beginn mit einem Umschlag nach Isers Theorie konfrontiert, denn es werden sowohl Knopps Position als auch die des Lesers zum Kippen gebracht. Lässt Sauerbrots ausgelassene Freude zunächst auch bei Knopp Heiterkeit erkennen, so ändert sich die Gefühlslage schlagartig mit Sauerbrots Äußerung über den Grund seiner Freude: „'Heißa! Meine Frau ist tot!!'"[148] Das

---

[146] Vgl. Kapitel 2. Theorien der Komik. Ein historischer Überblick über die Grundlagen einiger Komik-Theorien., S. 22/23.
[147] Busch, W.: Sämtliche Werke. Bd. 2., S. 200-204.
[148] Ebd., S. 200.

verblüfft. Eine solche Reaktion als Auslöser zur Freude, die dann auch noch öffentlich gezeigt wird, arbeitet gegen die gesellschaftliche Norm des guten Anstandes. Somit findet hier ein Regelbruch statt. Doch erfreut dieser nicht aufgrund des Wissens um das Scheitern desselben, denn dass Sauerbrot am Ende eine Bestrafung erhält, ist in dem Moment nicht zu ersehen. An dieser Stelle findet kein Verlachen Sauerbrots statt. Diese Regelverletzung wirkt komisch aufgrund der Plötzlichkeit, mit der sie etwas Neues einführt, das aus moralischen Gründen nicht sein darf. Komik folgt hier abermals dem Prinzip aus Umschlag, Verblüffung und Befreiung aus dieser durch Lachen.

Aufgebaut wird dieser Umschlag erneut aus dem Zusammenspiel von Text und Bild. Doch ist es diesmal nicht das Bild, das überrascht, sondern der in direktem Modus präsentierte Text. Dieser trifft sowohl Knopp als auch den Leser unerwartet und verblüfft daher. Das Bild hingegen dient der Vorbereitung der Pointe, indem es die Freude Sauerbrots anschaulich präsentiert und Knopps Wohlwollen zeigt, an dieser Freude teilzuhaben. Auch die ersten beiden ausgerufenen Interjektionen „Heißa!" vermitteln Schwung und Heiterkeit, sodass die dann folgende nüchterne Aussage umso mehr verblüfft, zumal sie - entgegen Buschs sonstiger Vorliebe für Satz erweiternde Beifügungen – ohne schmückendes Adjektiv auskommt, das heißt, sie wird in kürzester Form präsentiert: Meine Frau ist tot!

Doch ist die komische Situation nach dem verblüffenden Umschlag noch nicht vorbei. Knopp, der sich aus dieser Fassungslosigkeit nicht so schnell befreien kann, präsentiert dem Betrachter in den folgenden drei Szenenbildern lediglich seinen Hinterkopf, denn er schaut ins Nebenzimmer, in dem die tot geglaubte Frau Sauerbrot aufgebahrt liegt. Ungläubig scheint er Sauerbrots Aussage immer wieder verifizieren zu müssen.

Knopps Freude und Knopps Verwirrung[149]

Hier folgt der Betrachter der emotionalen Inkongruenz eines hocherfreuten Sauerbrots und eines tief verwirrten Knopps. Diese Disharmonie der Emotionen belustigt vor dem Hintergrund der eigenen moralischen Vorstellungen. Sind diese kongruent mit Knopps beunruhigten Blicken zur Tür, so ist das Lachen des Betrachters kein Verlachen, sondern ein Lachen, das Verständnis für Knopps Sprachlosigkeit zeigt und das für die Heiterkeit bei diesem tragischen Thema der Einordnung als Unernst benötigt. Befindet sich der Betrachter hingegen im Einvernehmen mit Sauerbrots Freude über die gewonnene Freiheit, so wird er sich Knopps moralischen Bedenken gegenüber überlegen fühlen und diesen verlachen. Ob ein verständnisvolles Lachen generiert wird oder ein hämisches, hängt demzufolge von der Einstellung des Betrachters ab.

Dass der Leser komische Situationen mit eigenen Auffassungen und gesellschaftlichen Konventionen abgleicht, betonen sowohl Bergson[150] als auch Plessner.[151] Diese analytische Verstandesleistung benötigt die Distanz, die nach der ersten Verblüffung durch die Provokation Sauerbrots wieder eintritt.

Aufgebaut wird die Distanz durch die relativ gleich bleibende und damit nicht überraschende Bilderfolge mit den am Tisch Sitzenden Sauerbrot und Knopp. Der Text gibt Sauerbrots negative Erfahrungen des Ehelebens wieder. Diese distanzieren zum einen inhaltlich, da sie von der Tragik des gerade erst erfahrenen Todes weg-

---

[149] Ebd., S. 200, S. 201.
[150] Bergson, H.: Das Lachen., S. 33.
[151] Plessner, H.: Lachen und Weinen., S. 117.

führen, zum anderen erzähltechnisch. Denn die Aussagen Sauerbrots stellen – obwohl eigentlich Nähe generierende direkte Rede – einen raffenden Bericht mit Mahnungen vor dem Eheleben an Knopp dar, die zusätzlich im belustigenden Kontrast zu Knopps Vorhaben stehen: seiner Brautschau.

Dieser nüchterne, aufzählende Bericht über die Bürden des Ehelebens erfährt eine Wende im letzten Satz von Sauerbrots Monolog, mit dem er - den dramatischen Modus wieder deutlich zeigend - ausruft: „,'Gott sei Dank, es ist vorbei!'"[152] Es folgt eine plötzliche Steigerung des Erzähltempos, die in einer emotionale Nähe suggerierenden Aussage des Erzählers zur Figur Sauerbrots gipfelt:

> Es schwellen die Herzen,
> Es blinkt der Stern.
> Gehabte Schmerzen,
> Die hab' ich gern.[153]

Nach diesem gemeinsamen Bekenntnis zur Freude – denn der letzte Satz: „Die hab' ich gern" muss aufgrund fehlender Anführungszeichen dem Erzähler zugeordnet werden, der somit seine Einfühlung in die Emotionen Sauerbrots demonstriert - folgt umso heftiger der nächste Umschlag: Frau Sauerbrot steht in der Tür. Nun wird die Position des Betrachters wieder durch Überraschung direkt in das Beziehungsfeld aus Figuren und Handlung hineingezogen und zum Kippen gebracht.

---

[152] Busch, W.: Sämtliche Werke., S. 202.
[153] Ebd., S. 203.

Frau Sauerbrot steht in der Tür[154]

Doch trotz der Nähe zur Situation bleibt der Rezipient auf emotionaler Distanz zu den Figuren. Die Tragik des gleich darauf folgenden Todes von Sauerbrot kann aufgrund der emotionalen Unbetroffenheit des Betrachters in Heiterkeit umgeleitet werden. Das Geschehen ist in dem oben bereits erwähnten Sinn für den Betrachter folgenlos.

Je schwerwiegender die Folgen für die Figur sind, umso distanzierter muss der Betrachter zu dieser stehen, wenn Heiterkeit und Lachen hervorgerufen werden sollen. Innerhalb der Sauerbrot-Szene wird dies inhaltlich erreicht, indem Sauerbrot gleich zu Beginn aufgrund seiner unkonventionellen Denkweise bezüglich des Todes seiner Frau befremdet.

Einen sehr großen Anteil an der Entfremdung trägt der Zeichenstil. So sind gezeichnete, in ihren Proportionen überzeichnete Figuren aufgrund ihrer Nichtübereinstimmung mit der Realität generell distanzierend. Zusätzlich distanziert Sauerbrots Körper, da er zu zackigen Konturen erstarrt ist, die in ihrer Zeichenhaftigkeit zwar auf den Tod verweisen, die aber die Figur Sauerbrot verfremden, indem er nur umrisshaft zu erkennen ist. Erweisen sich die Figuren aufgrund ihres Gezeichnetseins und aufgrund ihrer Überzeichnung bereits als realitätsfern, so erfährt die Realitätsferne mit der Umrisszeichnung Sauerbrots nochmals eine Steigerung, die

---

[154] Ebd., S. 203.

der Betrachter als unernst einordnen kann. Daher ist er in der Lage, Sauerbrots Tod mit Lachen zu quittieren, anstatt ihn zu betrauern. Demzufolge muss die komische Replik hier entgegen Jüngers Bedingung nicht „der Provokation angemessen sein"[155]. Im Gegenteil ist innerhalb dieser Szene die unangemessene Übertreibung in der Lage, Komik zu produzieren, da gerade sie es ist, die überrascht und verblüfft. Unter der Bedingung, dass der Rezipient der Figur emotional fern bleibt, ist die unangemessen hohe Replik ein geeignetes Mittel, um Komik zu erzeugen.

Doch kann eine Replik nicht nur durch ihre unangemessene Stärke Komik auslösen, sondern ebenfalls durch eine falsche Ausrichtung. So trifft Knopps Normverletzung (der Griff an die Wade des Hausmädchens) in dem Kapitel „Ein Mißgriff"[156] auf eine prompte Replik, die in ihrem Ausmaß und in ihrer Ausrichtung überrascht: Sie bestraft in erster Linie das Opfer, denn das Hausmädchen wird entlassen, nachdem Knopp ihr an die Wade gefasst hat. Wie bei der Sauerbrot-Szene zeigt sich auch hier, dass eine unangemessene Replik keineswegs Komik ausschließt, solange die Entfremdung zwischen Figur und Rezipient groß genug ist, sodass sich im Rezipienten keine emotionalen Gefühle für das Opfer regen. Entgegen Jüngers Bedingung der Angemessenheit der Replik wird behauptet, dass innerhalb dieser Szene erst durch die unangemessene Höhe und falsche Ausrichtung Komik zur Entfaltung kommt. Wird dagegen aufgrund des gesellschaftlichen Hintergrundes des Lesers die Replik von Frau Knopp als angemessen empfunden, so bleibt die Komik aus, da sie in dem Falle eine gerechte Strafe darstellt.

Erscheint die Provokation hingegen von Anfang an aussichtslos, so reicht eine angemessene Replik, um Komik auszulösen. Aussichtslos erscheint eine Replik dann, wenn der Leser über mehr Wissen verfügt als die Figur, sodass er aufgrund seines Wissens das Handeln der Figur als erfolglos einschätzen kann. Dies ist im Kapitel „Die Tante auf Besuch"[157] der Fall. Wenn Mickefett Norm brechend seinen Freund Sutitt mit einem Medikament außer Gefecht setzt, um an seiner statt Julchens Schlafgemach aufzusuchen, kann sich der Leser denken, dass Mickefett mit

---

[155] Jünger, F. G.: Über das Komische., S. 16.
[156] Busch, W.: Sämtliche Werke. Bd. 2., S. 230-236.
[157] Ebd., 305-315.

seinem Vorhaben scheitern wird, denn der Leser weiß, dass in dem aufzusuchenden Zimmer die Tante und nicht Julchen nächtigt. Dementsprechend erhält Mickefett eine angemessene Replik, als er schließlich nicht ohne Blessuren das Schlachtfeld in Julchens Zimmer räumt. Da der Leser weiß, dass nicht Julchen, sondern die Tante in dem Zimmer weilt, ist nicht Überraschung der Auslöser für Komik, sondern die Norm ausgleichende Replik auf Mickefetts Normverletzung. Mickefetts Scheitern ist die gerechte Strafe für den Umgang mit Sutitt und wird verlacht. Angenommen, der Leser wüsste ebenso wenig wie Mickefett, dass die Tante in Julchens Zimmer nächtigt, dann könnten zwar Mickefetts eingefangene Blessuren ebenfalls als gerechte Strafe empfunden werden, doch würde zunächst aufgrund der direkteren Wirkung des dargestellten Bildes die Überraschung darüber, dass die Tante aus dem Bett hochschreckt und nicht Julchen, im Vordergrund stehen und das Verlachen überlagern. Das Verlachen käme nicht in dem Maße zur Geltung wie mit der Vorinformation der im Zimmer nächtigenden Tante. Durch den Zusatz der Vorinformation erst wird die Provokation als aussichtslos erkannt, und mit Spannung wird ihr Scheitern erwartet.

Eine Replik kann aber auch Komik auslösen, wenn sie ein Understatement darstellt und somit als unangemessen mild empfunden wird. Das ist im Kapitel „Rektor Debisch" der Fall. Der oberflächliche Hieb und die Missbilligung, die Rektor Debisch durch seine Körperhaltung seinem Sohn demonstriert, sind als Strafe für Kunos Taten als nicht ausreichend zu erkennen. Gezeigt wird die Unangemessenheit der Milde dadurch, dass Sohn Kuno das Zimmer mit einem breiten Grinsen verlässt.[158]

---

[158] Ebd., S. 169.

Die zu milde Replik[159]

Deutlich wird: Die Strafe wird keine Verhaltensänderung bei Kuno bewirken. Gelacht wird über die Wirkungslosigkeit der Replik. Das Lachen ist ein Verlachen, von dem Pape behauptet, es sei die Art von Komik, die „sich bei Busch am häufigsten [findet]"[160], nur dass dieses Mal der Verursacher der wirkungslosen Replik verlacht wird und nicht die aussichtslose Normverletzung. Stets wird die Schwachstelle verlacht und somit bestraft und nicht die überlegene Seite, denn so kann sich der Betrachter der Komik mit auf die Seite des Überlegenen stellen und auf den zu Strafenden herabblicken. Hier fügt sich Fischers Sichtweise der Komik ein, der Komik als ein empfundenes Größenverhältnis von komischem Objekt zum Betrachter sieht. Im Falle einer komischen Situation fühlt sich der Betrachter dieser gegenüber groß und erhaben. Die Überlegenheit befreit ihn vom oftmals empfundenen Druck der Außenwelt und bereitet ihm eine heitere Stimmung.[161]

Erhält Kuno nur eine unzureichende Replik, so bleibt an anderer Stelle die Replik ganz aus. Dort, wo der Streich die Komik dominiert, bleibt die Provokation häufig ungesühnt und das Opfer wird zusätzlich für seine Opferrolle verlacht. „[D]er Unterliegende [hat] im komischen Konflikt außer dem Schaden, den er nimmt, auch noch den Spott zu tragen"[162]

---

[159] Ebd., S. 169.
[160] Pape, Walter. Wilhelm Busch. Stuttgart: Metzler 1977.
[161] Fischer, K.: Über den Witz., S. 76, S. 87.
[162] Jünger, F.G.: Über das Komische., S. 11.

Eine solche ungesühnte Provokation bietet das Kapitel „Die Tante auf Besuch"[163]. Innerhalb dieses Kapitels kommt es zu einer doppelten Normverletzung mit einfacher Replik. Julchen verletzt die Norm, indem sie Sutitt einlädt, sie in ihrem Zimmer zu besuchen, obwohl sie weiß, dass ihrer Tante das Zimmer bereitgehalten wird. Bereits gezeigt wurde, dass Mickefett innerhalb dieses Szenenaufbaus gegen die Norm verstößt, indem er Sutitt mithilfe eines Mittels aus seiner Apotheke außer Gefecht setzt und dessen Position einnimmt. Jedoch bleibt die Ursprungs-Provokateurin – Julchen – ungesühnt.

Zusammenfassend wird festgehalten, dass eine Normverletzung dann vorliegt, wenn ein Geschehen moralische, ethische, gesellschaftliche Bedingungen nicht einhält, sondern diese verletzt. Mit der Replik hierauf wird der ehemalige Zustand wieder hergestellt.
Innerhalb dieses Rahmens besteht die Möglichkeit, Komik aufgrund eines Umschlags auszulösen, und zwar dann, wenn die Verletzung der gesellschaftlichen Norm unerwartet erfolgt. Auch die Replik vermag zu überraschen, wenn sie unerwartet in ihrer Ausrichtung oder in ihrer Härte ist.
Entgegen Jüngers Behauptung, dass eine Replik stets in angemessener Form zu erfolgen habe, wurde gezeigt, dass eine Replik oftmals gerade dann komisch wirkt, wenn sie zu hart ist, einen Falschen bestraft, zu milde ausfällt oder ganz ausbleibt. Überrascht die Replik, so wird aus der Verblüffung heraus gelacht. Ein Verlachen gilt stets dem Gescheiterten – sei es dem aussichtslosen Provokateur gegenüber, demjenigen, der mit der Replik scheitert oder dem Opfer eines Streiches.
Ist eine Replik angemessen gegenüber der Normverletzung, so ist die Komik größer, wenn die Normverletzung als aussichtslos bekannt gewesen ist. Der Leser verfügt in dem Fall über mehr Informationen als die Norm brechende Figur.
Gezeigt wurde, dass, wenn ein plötzlicher Umschlag vorliegt, das Lachen zunächst aus der Überraschung und Verblüffung heraus erfolgt. Diese Emotion drängt sich mit der Plötzlichkeit des Wahrnehmens in den Vordergrund, ist schneller als das gedankliche Nachvollziehen und Verstehen vom Scheitern, dem ein Verlachen folgt. Das, was unmittelbar wirkt, siegt.

---

[163] Busch, W.: Sämtliche Werke. Bd. 2., S. 305-S. 315.

3.3.3 Informationsvorsprünge: Wer weiß mehr?

Plötzliche Umschläge generieren ihre Komik aus dem Moment der Überraschung heraus. Der Wissensstand von Figur und Leser bezüglich der Situation ist gleich groß und der Umschlag erfolgt für beide gleichermaßen überraschend. Sowohl Adeles äußeres Erscheinungsbild als auch Frau Sauerbrots Auftritt überraschen: Adele aufgrund ihrer Optik, Frau Sauerbrot aufgrund ihres Vermögens, plötzlich im Türrahmen zu stehen.

Sobald jedoch der Leser über mehr Wissen verfügt als die Figur, fällt die Überraschung für den Leser geringer aus. Nun setzt sich die komische Situation aus anderen Bedingungen zusammen, und auch ihre Auswirkung ist eine andere. Bereits im vorigen Kapitel wurde kurz darauf verwiesen, dass der Leser im Kapitel „Die Tante zu Besuch" einen anderen Wissensstand hat als Mickefett und infolgedessen den Umschlag bereits erwartet. Dies hat zur Folge, dass der Leser nicht in die Situation aus kippenden Positionen mit hineingerissen wird. Er weiß viel eher als die handelnde Figur, dass deren Handlungen scheitern werden. Dem Betrachter werden „Indizien preis[gegeben], die eine kommende Katastrophe ankündigen."[164]

Informationsvorsprünge an den Leser werden entweder über den Text oder über das Bild oder über beide gegeben.
Im Kapitel „Ein schwarzer Kollege" erhält der Betrachter der Zeichnung einen Informationsvorsprung vor den Figuren. Der Text hingegen gibt keinen Hinweis auf den Liebhaber von Frau Knarrtje, der Erzähler erweist sich als uninformiert, oder aber er möchte sein Wissen nicht preisgeben. Die sich im Bild entfaltenden Veränderungen werden nicht erwähnt. „Traulich wandeln diese zwei [Knopp und Knarrtje] / Nach der nahen Försterei"[165] erfreut sich der Text-Erzähler mit den Figuren an ihrer Zweisamkeit.

---

[164] Klotz, Volker: Was gibt's bei Wilhelm Busch zu lachen?, S. 41f..
[165] Busch, W.: Sämtliche Werke., S. 161.

Knopps freudige Erwartung[166]

Die Bildinformation deutet jedoch bereits darauf hin, dass die Aufnahme Knopps im Hause Knarrtje nicht nach Plan verlaufen wird, denn die zwei aufeinander zulaufenden Hintergrundfiguren sind das Liebespaar Frau Knarrtje und „schwarzer Kollege". Dieser Deutungsansatz erfährt in der nächsten Abbildung eine Bestätigung, die im Vordergrund einen unter den Tisch fliehenden Mann zeigt. Knopp und Knarrtje stehen auf einer Simultanbühne im Hintergrund, ohne dass sie in der Lage sind, die Vordergrundhandlung wahrzunehmen.

Knopps Freude wird umschlagen[167]

---

[166] Ebd., S. 161.

Ganz auf Figurenebene im dramatischen Modus heißt es nun aus dem Munde von Knarrtje: „‚So, da sind wir, tritt hinein; / Meine Frau, die wird sich freun!'" Diese Aussage generiert Komik dadurch, dass der Betrachter weiß, dass das Gegenteil der Fall sein wird. Der Satz klingt für den informierten Leser ironisch, doch die Aussageabsicht Knarrtjes beinhaltet keinesfalls Ironie. Da er der Uninformierte ist, muss die Aussage als aufrichtig gemeint gelten. Komik wird hier generiert nach Jean Pauls „unendlichen Ungereimtheit"[168], nach der Knarrtje ein Wissen aufgebürdet wird, das er nicht hat. Aufgrund des ihm fehlenden und dennoch aufgebürdeten Wissens kommt es zu der scheinbaren Falschaussage.

Erst im nächsten Bild- / Textsegment schaltet sich der Erzähler wieder ein und deutet zusammen mit Knopp und Knarrtje die Begebenheiten neu und richtig. Folglich war der Text-Erzähler vorher unwissend, oder er hat sein Wissen nicht preisgegeben. Die Komik entsteht dadurch, dass der Bild-Erzähler mehr Informationen zur Verfügung stellt, während der Text-Erzähler das Geschehen aus der Figurenperspektive heraus gestaltet und sich als nicht besonders informiert zeigt. Ueding hält fest, dass der Erzähler „ganz bewusst sich darauf beschränkt, nur die wesentlichen Dinge zu sehen, die unwesentlichen beiseite zu lassen"[169]. Jedoch sieht er gerade nicht die für das richtige Deuten der Gegebenheiten wichtigen Dinge. Er übersieht sie, benennt sie nicht, und ruft Komik hervor, indem er gerade nicht die „Kunstgriffe des Zeichners mit ironischer Zweideutigkeit kommentiert"[170]. Er hinkt der Zeichnung hinterher, die mit anschaulicher Deutlichkeit das Geschehen darlegt.

Den Figuren werden Informationen vorenthalten, die dem Betrachter über die Zeichnungen zugängig gemacht werden. Daher ist der Umschwung der Handlung für diesen nicht gleichermaßen überraschend wie für jene. Je weniger der Betrachter überrascht wird, umso mehr bleibt er außerhalb der für die Figuren instabilen Struktur, denn erst durch „den Eindruck eines überfallartigen Betroffenseins [wird] der Rezipient […] in die komische Situation versetzt."[171] Wenn die Überraschung fehlt,

---

[167] Busch, W.: Sämtliche Werke. Bd. 2., S. 161.
[168] Jean Paul: Vorschule der Ästhetik., S. 110.
[169] Ueding, Gert: Wilhelm Busch. Das 19. Jahrhundert en miniature. Erweiterte und revidierte Neuausgabe. Frankfurt: Insel 2007., S. 252.
[170] Ueding, G.: Wilhelm Busch., S. 252.
[171] Iser, W.: Das Komische: Ein Kipp-Phänomen., S. 400.

fehlt auch das Hineinversetztwerden in die Struktur aus kippenden Positionen. Heiterkeit wird in dem Fall nicht durch Verblüffung generiert, sondern durch Spannung aufbauende Vorinformation. Warning spricht von einer erwarteten „überraschende[n] Erwartungsverletzung"[172], das heißt, dass der Betrachter aufgrund der ihm zugegangenen Informationen nicht daran zweifelt, dass das von den Figuren Erwartete nicht eintreffen wird. So attestiert auch Kuchenbuch Busch eine Bildtechnik, die „mit berechneter visueller Informationsvergabe komische und spannende Effekte"[173] erzielt.

Demnach entsteht die komische Situation aus dem Aufbau einer Erwartungshaltung heraus. Diese Erwartungshaltung wird nicht enttäuscht und überrascht, sondern bestätigt. Die Vorinformationen, die der Betrachter erhält, erzeugen Spannung – Spannung, die das Lachen vermehrt. So hält Staveacre über die Erkenntnisse der Karno-Brüder als Komiker fest, dass ein vorinformierter Zuschauer mit Spannung auf das Ergebnis einer komischen Situation wartet, und dass der Lacheffekt mit Hilfe dieser Spannung vervielfacht werden kann.[174]

Der Betrachter der Knarrtje-Szene erwartet, dass es für Knopp keine angenehme Aufnahme im Hause Knarrtje geben wird. Im Moment der Bestätigung dieser Erwartung kippen die Positionen der Figuren – für die Figuren überraschend, für den Betrachter bestätigend. Dennoch wird der Betrachter erheitert. Dieses Lachen verdankt er nicht der eigenen Überraschung, sondern der erwarteten, betrachteten Überraschung der Figuren. So wird die durch die Erwartungshaltung generierte Spannung im Betrachter mit dem Eintreten des Erwarteten als Freude generierende Bestätigung seiner Erwartung abgelacht.

Vorinformationen verringern die Überraschungsgröße, jedoch wird gleichzeitig Komik durch die Bestätigung einer Erwartungshaltung generiert. Der Rezipient erwartet, dass es für Knopp und Knarrtje zu einem Umschwung kommen wird. Die Informationen, die Knopp und Knarrtje verborgen bleiben, werden dem Betrachter

---

[172] Warning, Rainer: Vom Scheitern und vom Gelingen komischer Handlungen. In: Das Komische. Hrsg. von Wolfgang Preisendanz und Rainer Warning. München: Fink 1976., S. 378.
[173] Kuchenbuch, Thomas: Bild und Erzählung. Geschichten in Bildern. Vom frühen Comic Strip zum Fernsehfeature. Münster: Maks Publikationen 1992., S. 91.
[174] Staveacre, Tony: Slapstick! The Illustrated Story of Knockabout Comedy. London: Angus & Robertson Publishers 1987.

mit Hilfe der Zeichnung offeriert. Die Höhe der Überraschung und somit auch des Distanzverlustes durch Betroffenheit hängt davon ab, wie die vorherigen Hintergrundinformationen vom Rezipienten wahrgenommen und interpretiert werden. Werden sie kaum oder gar nicht wahrgenommen, so ist die Überraschung hoch und die Position des Rezipienten kippt ebenso wie die der Figuren. Ahnt der Rezipient hingegen bereits, dass Frau Knarrtje einen Liebhaber empfängt, so ist die Überraschung geringer. Die Distanz bleibt größer, die Komik liegt in der Freude über die eigene Verstandesleistung, die diese Szenerie prophezeien konnte. Der Betrachter erfreut sich laut Vischer aufgrund seiner geistigen Leistung.[175]

Doch ist auch der Text-Erzähler in der Lage, eine Situation zu schildern, von der eine Figur nichts weiß. Der Erzähler bedient sich in dem Moment der Nullfokalisierung, der externen Fokalisierung oder der internen Fokalisierung einer Figur, deren Wissensstand über den der uninformierten Person hinausgeht.
Im Kapitel „Ländliches Fest" berichtet der Text-Erzähler von Franz' Aktion mit dem Schweineschwanz. Bild und Text unterstützen sich gegenseitig, indem sie beide Franz' Handlung zeigen.[176] Der Text-Erzähler thematisiert die vorherige Beschaffung des Schweineschwanzes. Außerdem benennt der Text den Kringelschwanz als solchen, was aufgrund der alleinigen Bilddarstellung zu Missdeutungen hätte führen können. Der Text besitzt die Fähigkeit des zeitlichen Ausgreifens und des exakten Benennens von Gegenständen.
Das Bild zeigt deutlich, dass Knopp von Franz' Streich nichts wahrnimmt. Bild- und Text-Erzähler arbeiten in diesem Bereich optimal zusammen und informieren den Leser ausreichend, damit er zu einem Besser-Wissenden gegenüber Knopp wird.

Doch nachfolgend ändert sich die Zusammenarbeit: Die Kommentare des Erzählers widersprechen der Bilddarstellung. Der Erzähler erzeugt Komik aufgrund der von ihm ausgehenden Informationen über die Auswirkungen von Knopps Tanzgebaren. Die Bilder zeigen deutlich, dass das Lachen der Festbesucher keineswegs ein bewunderndes Lächeln darstellt, sondern ein Verlachen.[177]

---

[175] Vischer, F.T.: Über das Erhabene und Komische – und andere Texte zur Ästhetik., S. 173, S.206.
[176] Busch, W.: Sämtliche Werke. Bd. 2., S. 171-172.
[177] Ebd., S. 172-174.

Knopp kommt aufgrund seiner Unwissenheit zu falschen Schlussfolgerungen und gibt sich der Lächerlichkeit preis. Hier stimmen nicht nur das Wissen des Betrachters und Knopps Wissen nicht überein, sondern ebenfalls das der anderen Figuren und Knopps Wissen. Durch diese unterschiedlichen Wissensstände und falsch gedeuteten Zeichen baut Knopp auf eine Fehleinschätzung und erfreut sich an der ihm zugeteilten Aufmerksamkeit. Für die Festbesucher und für den Betrachter kommt bei der Betrachtung Knopps Jean Pauls Theorie der „unendliche[n] Ungereimtheit"[178] zum Tragen. Sie sehen den scherzhaft angebrachten Ringelschwanz an Knopps Frack und sind erheitert, da sie dieses Wissen Knopp aufbürden. Dessen Versuch einer würdevollen Tanzdarbietung steht in Inkongruenz mit der nicht stilvollen Veränderung seines Fracks. Dadurch wirkt er lächerlich komisch und trägt zur Erheiterung der Festbesucher und des Betrachters bei. Zudem stehen Knopps Körpermaße einer würdevollen, erhabenen Tanzdarbietung im Wege, denn eine Figur, die von der Norm der Schönheit durch Überzeichnung abweicht, ruft Komik hervor.[179] Die Disharmonie seiner Körperformen zieht den Versuch eines gekonnten Tanzes ins Lächerliche. Der Schweineschwanz wirkt dabei als ein Verstärker der Lächerlichkeit. Mit Vischer wird hier behauptet: Die Erscheinung versucht „der Idee ein Bein [zu] stellen"[180]. Knopps Idee seines tänzerischen Könnens wird durch sein Erscheinungsbild torpediert.

Knopps Solotanz[181]

---

[178] Jean Paul: Vorschule der Ästhetik., S. 110.
[179] Vischer, F.Th.: Über das Erhabene und Komische., S. 172.
[180] Ebd., S. 158.
[181] Busch, W.: Sämtliche Werke. Bd. 2., S. 173.

Der Text-Erzähler jedoch zollt Knopps Tanzleistungen Bewunderung mit Äußerungen wie „Keiner weiß sich so zu wiegen / Und den Tönen anzuschmiegen"[182]. Die Bilder entlarven diese Falschaussage mit der Beweiskraft ihrer Anschaulichkeit. Der Text behauptet etwas, das der Leser aufgrund der Bilder als falsch einordnet. Er wird es daher entweder als ironische Aussage einstufen, oder aber er ordnet den Erzähler als nicht ernst zu nehmende, komische Figur ein, die aufgrund einer offensichtlichen Fehleinschätzung ebenfalls verlacht wird. Die komische Wirkung hängt von den Einstellungen und Interpretationsleistungen des Betrachters ab. Ordnet dieser den Erzähler als wissend ein, so muss die Aussage als ironisch eingestuft werden. Das Lachen des Betrachters gilt dann als ein Verlachen der Figur Knopp. Hält der Betrachter hingegen den Erzähler für inkompetent, so verliert das Lachen für Knopp an Schärfe, die dann für den Erzähler bereit gehalten wird, dem für die Falscheinschätzung von Knopps Tanzleistung ein Verlachen zukommt.

Bisher wurde herausgearbeitet, dass der Text-Erzähler im Vergleich zur Bildinformation entweder unwissend agiert, kooperativ wissend ist oder Falschaussagen bereithält. Komik entsteht jedoch auch da, wo die Aussagen des Text-Erzählers als nebensächlich, als unwichtig bloßgestellt werden. So wird in dem Kapitel „Wohlgemeint und abgelehnt"[183] textlich zunächst nur raffend angedeutet, wie es um Knopps Gefühlslage bestellt ist. Anschließend findet ein Wechsel von Zeitraffung zu einer Pause der Handlung statt, indem der Erzähler über das Warmhalten von Speisen im Ehebett reflektiert. Sowohl die ungenaue Raffung als auch die textliche Pause werden von Zeichnungen begleitet, die genau das schildern, was der Text auslässt: die Handlung zu dem Zeitpunkt des Erzählens.

---

[182] Ebd., S. 173.
[183] Ebd., S. 186-188.

Die vom Text-Erzähler nicht erwähnte Handlung[184]

Während der Erzähler ausgiebig über das Warmhalten von Speisen im Ehebett referiert, treiben die Kinder Schabernack mit Knopps Hut und hält Knopp das urinierende Baby mit ausgestreckten Armen von sich weg. Der Kontrast zwischen der ausschweifenden Plauderei des Erzählers, der die Handlung seinerseits scheinbar zum Stillstand bringt, und der Geschehnisse, die dennoch in dieser Zeit passieren, kreiert die Komik. Der Erzähler lenkt mit Erörterungen ab, während die zeitgenauen Bilder die Knopp in Bedrängnis bringenden Geschehnisse zeigen. Der Eindruck entsteht, als verselbständige sich die Handlung außerhalb der vermittelnden Instanz des Text-Erzählers.

Doch auch die umgekehrte Informationslage – bestehend aus wissender Figur und nicht informiertem Betrachter - kann Komik erzeugen, indem sie im uninformierten, aber ahnenden Leser eine Erwartungshaltung erzeugt, die mit Spannung auf die Lösung wartet. Der Gefühlsumschwung Knopps im Kapitel „Donner und Blitz"[185] erzeugt abermals Heiterkeit aufgrund der unerwarteten Plötzlichkeit, mit der sein Verhalten von beleidigter Machtdemonstration in kniende Unterlegenheit wechselt, doch dauert das komische Verhalten Knopps an und der Leser wird mit seiner Unwissenheit in dieses Spannungsfeld hineingezogen. Zwar kann der Leser eine Ahnung bezüglich des „leise[n] Wörtchen[s]"[186] entwickeln, das Frau Knopp Herrn Knopp ins Ohr flüstert, eine Bestätigung erhält er zunächst nicht. Diese Unwissen-

---

[184] Ebd., S. 187, S. 188.
[185] Ebd., S.259-264.
[186] Ebd., S. 263.

heit generiert eine spekulative Annahme, die erst am Ende des Buches durch das dann stattfindende Ereignis zweifelsfrei aufgelöst wird: Die Geburt der Tochter. Dieses Ahnen und nicht Wissen, diese Unbestimmtheit hält im Gegensatz zum definitiven Wissen die Spannung aufrecht, wenn der Rezipient im Kapitel „Ängstlicher Übergang und friedlicher Schluss"[187] mit Knopps beunruhigtem Verhalten konfrontiert wird. Knopps nervöses Gebaren dient als Indiz für die bevorstehende Geburt. Doch wird die Situation zunächst nicht aufgeklärt. Jede Aktion Knopps beflügelt zu der Frage, was ihm eine solche Unruhe verschafft. Der Leser sucht nach Indizien, die seine Vermutung bestätigen können, und er verfolgt, wie Knopp mit seinem Oberkörper im Schreibpult verschwindet, wie er mal im Dachgeschoss, mal im Keller des Hauses der Dinge harrt.

Knopps praktizierte Unruhe[188]

Der Suche nach Hinweisen und dem Deuten von Handlungselementen liegt die Struktur des Spiels zugrunde, das Kant als eine Voraussetzung für das Vergnügen ansieht.[189] Das Werk regt den Betrachter zu einem Spiel mit Imaginationen an, indem es ihn durch Hinweise heranführt und doch die Lösung zunächst verborgen hält. Das Spiel beinhaltet die Struktur des Unernstes und dient der Heiterkeit.

---

[187] Ebd., S. 265-269.
[188] Ebd., S. 267, S. 268.
[189] Kant, I.: Kritik der Urteilskraft., S. 274f.

Bergson argumentiert, dass die Figur, die Komik verursacht, sich dieser nicht bewusst sein dürfe.[190] Genau das wird in der Szene mit Knopps Tanzeinlage durch die unterschiedliche Vergabe von Wissen erreicht. Knopp möchte keineswegs ein Verlachen seiner Person initiieren. Da er nicht über den an seinem Frack befindenden Schweineschwanz informiert ist, deutet er das Verlachen als ein zustimmendes Lachen. Wäre ihm die Komik bewusst, die er durch seine Tanzeinlage auslöst, würde er das Lachen als ein Verlachen deuten und versuchen, die Komik zu unterbinden.

Dies versucht Knopp nach dem nun folgenden Umschlag. Während das Aufmerksamkeitsfeld der Tanzeinlage sich einem unspektakulären Ende zuneigt, – die Festtagsbesucher wenden sich bereits wieder von Knopp ab - zieht Franz dem sich gerade setzenden Knopp die Bank weg. Knopp fällt, die Hose platzt, und die gerade entschwindende Aufmerksamkeit der Festbesucher ist wieder vollends auf Knopp gerichtet, dem nun – im Gegensatz zum Solotanz – die Komik bewusst wird und dem deshalb nur eines bleibt: die Flucht.

Knopp ist sich der Komik bewusst und flieht[191]

---

[190] Bergson, H.: Das Lachen., S. 101.
[191] Busch, W.: Sämtliche Werke. Bd. 2., S. 175, S. 176.

Demzufolge darf Komik, wenn sie auf einem Umschlag basiert, der Figur bewusst werden. Gelacht wird aufgrund einer plötzlichen, überraschenden neuen Situation. Bei einer sich aufbauenden und länger andauernden komischen Handlung hingegen fühlt sich die Figur nicht als lächerlich-komisch. Sobald dies geschieht, wird sie versuchen, die Komik unterbinden. Das plötzliche Bemerken der eigenen Komik kommt dann einem Umschlag gleich. Dies wäre geschehen, wenn Knopp während des Tanzes seinen Irrtum plötzlich bemerkt und daraufhin die Flucht ergriffen hätte. Da der Betrachter wahrscheinlich jedoch immerhin mit dieser Möglichkeit spekuliert hat, wäre die für Knopp absolut neue Lage für ihn nicht in dem Maße neu, sodass sein Lachen weiterhin ein Verlachen geblieben wäre.

Mit der Plötzlichkeit eines Umschwungs wird die Heiterkeit ausgelöst und direkt entladen. Das heißt, bei einem Umschlag ist mit dem Umschlag die komische Situation auch schon beendet. So bezeichnet auch Borringo die sich aus dem Umschlag generierende Überraschung als den „Endpunkt eines Handlungssyntagmas"[192]. In dem Fall der weggezogenen Bank bedeutet das: Knopp liegt am Boden, die Hose ist zerrissen.

Wenn nun Knopp die Komik der zerrissenen Hose erkennt, so wird der Umschlag in Form einer Kettenreaktion noch kurz fortgeführt. Der komische Umschlag, der ausgelöst wird mit dem Wegziehen der Bank, generiert eine komische Kettenreaktion aus Hinfallen, Zerreißen der Hose, Bemerken der Komik auf Seiten der Figur und Flucht.

Doch auch die eben dargestellte Szene im Hause Plünne[193] entbehrt nicht der Komik. Dies geschieht ohne Umschlag und mit Knopps Bewusstsein, dass ihm die Situation entgleitet. Im Gegensatz zur Tanzszene befindet sich Knopp hier jedoch nicht in einem Irrtum, sondern in einer für ihn unangenehmen Situation. Ihm entgleitet die Kontrolle, indem andere (die Kinder) über die Handlungen bestimmen. Er wird zwar von den Kindern verlacht, doch versucht er diesmal nicht aufgrund eines Irrtums etwas darzustellen, was er nicht ist. Er macht sich nicht lächerlich. Nur eine Figur, die bemerkt, dass sie sich lächerlich macht, die einsieht, dass sie einem Irrtum

---

[192] Borringo, Heinz-Lothar: Spannung in Text und Film. Spannung und Suspense als Textverarbeitungskategorien. Düsseldorf: Schwann 1980., S. 49.
[193] S. S. 71.

unterliegt und deshalb verlacht wird, wird versuchen, der Komik ein Ende zu bereiten. In der Plünne-Szene wird von Seiten des Betrachters nicht Knopps Verhalten verlacht, sondern über die Situation, die ihm entgleitet, wird gelacht.

Bergsons Bedingung, dass sich die Figur der Komik nicht bewusst sein darf, gilt für die komische Situation, in der eine Figur aufgrund ihres falschen Wissens verlacht wird. Gerät die Situation ohne eigenes Verschulden außer Kontrolle, so wird Komik trotz des Bewusstseins der Figur über die Situation weitergeführt. In diesem Fall wird über die Situation gelacht.

Bisher wurde festgehalten, dass Informationsvorsprünge in Zusammenarbeit von Text und Bild gegeben werden können, indem beide deutlich zeigen, dass die Informationen, die der Betrachter und eventuell andere Figuren erhalten, nicht mit dem Wissen der Komik auslösenden Figur übereinstimmen. Ebenso wurde festgestellt, dass es zu Informationsdiskrepanzen zwischen Text-Erzähler und Bild-Erzähler kommen kann, wobei dem Bild-Erzähler aufgrund der direkten Anschaulichkeit der Zeichnungen eine höhere Beweiskraft zukommt.

Eine weitere Möglichkeit, dem Leser mehr Informationen zukommen zu lassen als der von der Komik betroffenen Figur, ist gegeben, wenn der Leser den Handlungen einer Figur folgt, während eine andere Figur unwissend außerhalb der Szene steht. Diese ist später von den Auswirkungen der Handlungen der ersten Person betroffen. Möglich ist sowohl, dass die anschließend von den Handlungen betroffene Person den Raum zunächst verlässt und später zurückkommt, als auch, dass der Erzähler und der Leser zusammen mit einer Figur den bisherigen Handlungsraum verlassen und schließlich zu diesem zurückkehren.

In einer Rahmenhandlung wohnt Knopp in dem Kapitel „Ein festlicher Morgen"[194] zunächst der Szene bei, um kurz darauf den Handlungsbereich Julchens zu verlassen. Dieser Beginn setzt den Kontextbereich des Lesers fest, unter welchem er das darauf folgende Szenario mit Julchen als Handelnde verfolgen wird. Der Leser erfährt, dass Knopp sich „in aller Frühe" bereit macht für den Kirchgang, „[d]enn da

---

[194] Busch, Wilhelm: Sämtliche Werke. Bd. 2., S. 282-291.

singt man denn so schön"[195]. Text und Körperhaltung Knopps suggerieren die Vorfreude, die Knopp bezüglich seines Kirchganges verspürt.

Knopps schwungvolle Rasur[196]

Knopp verlässt nach seiner Rasur das Zimmer und erfährt zunächst nichts von dem Chaos, das Julchen anrichtet. Der Betrachter dagegen erfährt, wie Julchen Tinte verschüttet, Knopps Frack kürzt und Tabakreste im Raum verteilt. Bereits das erweckt Heiterkeit durch die in Schopenhauers Theorie festgehaltene Inkongruenz[197] von Julchens kindlichem Vorstellungsvermögen bezüglich ihrer Fähigkeiten und dem angeschauten Ergebnis. Die Heiterkeit, die Julchens kindlicher Eifer beim Betrachter auslöst, wird durch die vorher ausgemachte Freude Knopps auf diesen festlichen Morgen mit Spannung unterlegt. Knopps Auftritt bildet den Kontextbereich des Lesers, an dem der Leser die Tätigkeiten Julchens misst. Es wird ein „Rahmen auf[gebaut], in den weitere Informationen eingespeist werden."[198] Demnach erfolgt nicht nur ein Abgleich von Julchens Tätigkeiten mit den eigenen Vorstellungen über die Handhabung von Schreibfedern, der Reinigung von Pfeifen und den Sinn von Frackenden, sondern zusätzlich wird aufgrund der Anfangsinformation der Gefühlsumbruch Knopps imaginiert und somit vorweggenommen. Knopps

---

[195] Ebd., S. 282, S. 283.
[196] Ebd., S. 282.
[197] Schopenhauer, A.: Die Welt als Wille und Vorstellung., S. 541.
[198] Fludernik, Monika: Einführung in die Erzähltheorie. Wissenschaftliche Buchgesellschaft: Darmstadt 2006., S. 31.

Enttäuschung zum Schluss der Szene bestätigt die Erwartungshaltung des Betrachters.

Im Kapitel „Rektor Debisch" [199] bleibt nicht der Betrachter mit der aktiven Figur auf der „Bühne", sondern er verlässt diese und folgt Rektor Debisch' Sohn Kuno, der Wein holen soll und sich zu diesem Zweck in andere Räumlichkeiten begibt. So verfolgt der Leser dessen Handlungen und kehrt anschließend mit Kuno zu den beiden Unwissenden Knopp und Debisch zurück. Was der Betrachter bemerkt, ist, dass Kuno den Wein, den er holen soll, selbst trinkt und anschließend die Flasche an einer Regenrinne wieder auffüllt. Die Vorkommnisse dieser Episode sind motiviert durch den an diesem Spaß erheiterten Kuno. Auch hier antizipiert der Leser bereits, wie Knopp und Rektor Debisch auf diesen Streich Kunos reagieren werden. Die auf den Wein Wartenden bilden den Kontextbereich. Während Knopp sich noch auf seinen Wein freut, weiß der Leser bereits, dass er nicht viel von diesem Getränk in seinem Glas antreffen wird.

In der Gesamtbetrachtung wird festgehalten, dass Vorinformationen eine Erwartungsspannung generieren, die Komik aufgrund der Erfüllung dieser generieren. Kommt es hierbei zu einem Umschlag für die Figuren, so wird der Betrachter, da er die Situation hat kommen sehen, nicht in die Situation aus kippenden Positionen mit hineingerissen. Der Empfänger der Komik erhält vielmehr eine Bestätigung seiner Annahme und kann sich an seiner Leistung erfreuen.
Wenn eine Figur sich aufgrund ihres Nicht-Wissens lächerlich macht und so unbewusst Komik aussendet, so erfreut sich der Betrachter an seinem eigenen Besser-Wissen. Ein Umschlag ist dabei nicht notwendig. Wird sich die Figur jedoch ihrer Komik bewusst, so wird sie versuchen, diese zu unterbinden und generiert dadurch einen Umschlag. Ein Umschlag bedeutet stets einen Endpunkt der zuvor intendierten oder ausgeführten Handlung. Mit dem Bewusstwerden der Komik wird diese beendet.

---

[199] Busch, W.: Sämtliche Werke. Bd. 2., S. 164-170.

Verlässliche Informationen liefert stets der Bild-Erzähler. Dem Bild wird aufgrund der Anschaulichkeit eine höhere Beweiskraft unterstellt. Laut Schopenhauer erfreut die Erkenntnis, dass das Unmittelbare als Sieger hervorgeht.[200] Die Aussagen des Text-Erzählers können mit denen des Bild-Erzählers übereinstimmen oder sie ergänzen. Beide statten den Leser in dem Moment zuverlässig mit mehr Informationen aus als der Figur zugängig sind.

Ebenso besteht die Möglichkeit, dass der Text-Erzähler sich als unwissend präsentiert, dass er falsche Informationen weiterreicht oder mit unwichtigen Informationen vom eigentlichen Geschehen ablenkt. Der Erzähler wird dann durch die Bilder entlarvt und wird entweder für seine Fehler verlacht, oder aber seine Aussagen werden als Ironie gedeutet.

Sind die Figuren besser informiert als der Leser, so wird Spannung aufgebaut, und das Weiterlesen entwickelt sich als ein Spiel auf der Suche nach weiteren Hinweisen. Dem Spiel hängt die Heiterkeit des Unernsten an.

Schließlich können Mehr-Informationen auch gegeben werden, indem die später von der Komik betroffene Figur den Handlungsraum verlässt, oder aber der Leser verlässt zusammen mit der Komik initiierenden Figur den Handlungsraum. In beiden Fällen prägt die zunächst gezeigte Situation den Kontextbereich des Lesers. Reaktionen der später wieder anzutreffenden Figuren werden antizipiert und erzeugen eine gespannte Erwartung und Vorfreude.

3.3.4 Schlag auf Schlag: Slapstick-Elemente

Wenn Handlungen aus einer schnellen Folge heraus ein immer größer werdendes Chaos anrichten, so spricht man von „Slapstick". Slapstick beruht auf einer „Anhäufung grotesker visueller Gags"[201]. Alles passiert Schlag auf Schlag. Vischer ordnet diese Art Komik auf der untersten Stufe ein und gesteht, dass, „wenn es Ohrfeigen und Prügel regnet, [...] es eine rechte Freude [ist]."[202]

---

[200] Schopenhauer, A.: Die Welt als Wille und Vorstellung., S. 547.
[201] Wilpert, Gero von: Sachwörterbuch der Literatur. 8., verb. und erw. Aufl.: Stuttgart: Kröner 2001., s. „Slapstick-Komödie".
[202] Vischer, F.Th.: Über das Erhabene und Komische., S. 185, S. 186.

Im Kapitel „Heimkehr" wird Knopp mit Gegenständen konfrontiert, die eine scheinbare Aktivität erlangen, die zu Quasi-Subjekten werden.[203] Knopps Handlungsintention, eine Feuerquelle aufzufinden, wird opponiert von Gegenständen, die nun ein „aktives Milieu"[204] bilden. So hält der Küchenschrank seine geöffnete Tür bereit, das Milchgeschirr ergießt den Inhalt über Knopps Füße und schließlich schnappt die Mausefalle zu. Doch Knopp verfolgt unbeirrt sein Ziel. Während sich das Chaos im Raum ausbreitet, wirkt Knopps unbeirrbarer Wille mechanisch steif. Keine noch so schmerzliche Aktion bringt Knopps Handlungsintention zum Erliegen. Knopp folgt seiner Handlungsabsicht, sodass Komik nach Bergsons Mechanismus-Modell[205] entsteht. So attestiert auch Novotny Buschs Werken eine Beispielhaftigkeit für Bergsons Theorie.[206] Bergsons Argumentation von einer federgleich immer wieder zurückgedrängten und dann wieder hervorschnellenden Gefühlsregung folgend, kann von einem stets aktivierten Willen Knopps gesprochen werden, der die Suche nach Feuer trotz aller Hindernisse nicht aufgibt. Dieser Mechanismus, der die für diese Situation nötige Lebendigkeit missen lässt, erzeugt die Komik.[207]

Ebenfalls mit Slapstickeinlagen versehen ist die Szene in Julchens Schlafgemach in „Die Tante auf Besuch"[208]. Während im Kapitel „Heimkehr" Knopp das Chaos nach und nach selbst vergrößert, verbreitet sich das Durcheinander in Julchens Schlafgemach aufgrund des von Bergson festgehaltenen Schneeballeffekts.[209] Es beginnt mit der durch den Kuss aktivierten Tante. Die klingelt Herrn und Frau Knopp herbei, die jagen Mickefett, dabei wird das Geschirr umgekippt, weitere Schüsseln fallen, der Tisch, Herr und Frau Knopp, die Tante. Alles fällt und reißt weiteres mit sich. Nur eine Position kippt nicht: Julchen. Sie, die dieses Chaos ausgelöst hat, weilt als stiller, vergnügter Beobachter im Hintergrund. Ihre Position ist stabil und bildet einen wirkungsvollen Kontrastpunkt zum Chaos im Vordergrund. Julchen freut sich darüber, dass ihre Berechnung aufgegangen ist: mit der

---

[203] Stierle, K.: Komik der Handlung, Komik der Sprachhandlung, Komik der Komödie., S. 242.
[204] Klotz, V.: Was gibt's bei Wilhelm Busch zu lachen?, S. 35.
[205] Bergson, H.: Das Lachen., S. 16.
[206] Novotny, F.: Wilhelm Busch als Zeichner und Maler., S. 34.
[207] Bergson, H.: Das Lachen., S. 54-57.
[208] Busch, W.: Sämtliche Werke. Bd. 2., S. 305-315.
[209] Bergson, H.: Das Lachen., S. 59.

Kleinigkeit (einen Brief zu schreiben) ein derartiges Chaos auszulösen. Ihre Erwartungshaltung ist eingelöst worden. Dies stellt sie mit ihrem Lächeln zur Schau. Dem Betrachter wiederum wird die Schadenfreude Julchens deutlich vor Augen geführt: er lacht über das kontrastreiche Szenario und über die gesühnte (Mickefett) und ungesühnte (Julchen) Provokation.

Das amüsierte Julchen[210]

Das Bild präsentiert ein dynamisches Chaos. Die dem Bild eigentlich inhärente Statik ist durchbrochen. Es hat den Anschein, als sei trotz des Momentes, den das Bild herausgreift, alles in Bewegung. Der Augenblick ist verlängert, in ihm passieren zahlreiche Dinge: Gegenstände, Personen fallen, Flüssigkeiten ergießen sich zu Boden, jeder Gegenstand, jede Person reißt ein anderes mit zu Boden. Linien helfen, den Fall der Flüssigkeiten deutlich zu machen, während Umrißzeichnungen sich am Boden befindende Wasserlachen zeigen. Ebenso deuten schräg gezeichnete Gegenstände ihr Kippen an, während andere, bereits am Boden liegende Gegenstände deutlich machen: hier ist bereits etwas gefallen und hier fällt weiterhin etwas. Ein Prozess wird generiert, ein dynamischer, zeitlicher Ablauf, dargestellt in einem Knäuel aus Gegenständen und Leibern, die ebenfalls Positionen einnehmen, die deutlich machen, dass sie sich noch im Vorgang des Fallens befinden. Busch bannt

---

[210] Busch, W.: Sämtliche Werke. Bd. 2., S. 314.

den dynamischen, zeitlichen Schlagabtausch des Slapsticks komprimiert in ein Bild und betont dadurch die Virtuosität und Dynamik des komischen Chaos. So bescheinigt auch Siepmann Buschs Darstellungskunst eine „als fließend" empfundene „Prozessualität des Augenblicks"[211].

Der Text arbeitet im Slapstick-Bereich mit vielen Interjektionen, die in ihrer Kürze und Prägnanz und oftmals in ihrer inhaltlichen Bedeutung ein gleichzeitiges Sehen und Geschehen suggerieren. In den Kapiteln „Heimkehr" und „Die Tante auf Besuch"[212] finden Interjektionen wie „Oha!", „'Autsch!'", „Ach!", „Seht!", „Bratsch!" Verwendung. Die Aufmerksamkeit des Lesers wird mit Plötzlichkeit auf eine bestimmte Sache gelenkt. Weiterhin holen viele Deiktika wie zum Beispiel: „Dies", „dieses", „hier hinten" „jetzt", „sogleich" das Geschehen zeitlich nah an den Leser heran. Die zeitliche und räumliche Nähe und insbesondere die Kürze und Häufigkeit der Ausrufe projiziert den Ablauf von Schlag und Gegenschlag des visuellen Bereichs auf die textliche Ebene. Die Deiktika und Interjektionen dienen der Aufmerksamkeitslenkung. Sie bedeuten nur eine scheinbare Nähe zur Gefühlslage der Figur. Es ist der Erzähler, der „Autsch!" ausruft, nicht die Figur. So wird der Leser zwar an Schmerzliches erinnert, doch aufgrund des Abstraktionsstils der Zeichnungen, der oftmals bewiesenen Unzuverlässigkeit des Erzählers und der generellen Folgenlosigkeit steht einem Lachen nichts im Wege. Schlag und Gegenschlag mit größer werdendem Chaos werden dem Unernst und somit der Heiterkeit zugeführt.

Bild und Text unterstützen jeder nach seinen Möglichkeiten die Slapstick-Manier. Das Bild arbeitet das sich entwickelnde Chaos heraus, indem es eine kausale Folge aus Schlag und Gegenschlag simultan in einem Bild oder aber in einer Bilderfolge darstellt. Der Text unterstützt die Bühnenpräsenz des Geschehens, indem der Erzähler mithilfe der Interjektionen und Deiktika die zeitliche und räumliche Nähe zum Geschehen generiert und die Mentalität des Slapsticks auf den Text überträgt. Ein „Autsch!" des Erzählers wird dabei nicht Ernst genommen. Slapstick als ein komi-

---

[211] Siepmann, Eckhard: Moderne Zeiten. Buschs kunstvoller Umgang mit Zeitstrukturen. In: Pessimist mit Schmetterling. Wilhelm Busch – Maler, Zeichner, Dichter, Denker. Hrsg. von Wilhelm-Busch-Gesellschaft e.V.. Hannover: 2007., S. 29.
[212] Busch, W.: Sämtliche Werke. Bd. 2., S. 248-253, S. 311-314.

sches Element der Bühne oder auch des Films benötigt für seine Wirkungsweise das Transitorische, das Busch mit den beschriebenen Mitteln unter Zusammenarbeit von Text und Bild generiert.

3.3.5 Von Künstlichkeit und Einfühlung: verlachen oder mitlachen?

Wenn Knopp sich auf dem Schützenfest mit seiner Tanzeinlage lächerlich macht, so wird er verlacht. Wenn Frau Sauerbrot plötzlich von den Toten auferstanden zu sein scheint, so gebiert der unlogische Aufbau ein Lachen aus der Verblüffung heraus. Realitätsnähe ist diesem Fall eher abzusprechen. Im Fall von Knopps Tanzkunst kann sich der Betrachter immerhin vorstellen, dass es dieses oder ein ähnliches Szenario in seiner Realität geben kann, doch generiert Knopps selbstbestimmtes Verhalten eher ein hartes Verlachen denn ein mildes Mitlachen.

Wenn Knopp allerdings nachts versucht, Baby Julchen zur Ruhe zu bringen, so handelt er fremdbestimmt – gelenkt durch Julchens Weinen. Der Betrachter verlacht nun nicht mehr Knopp, er lacht über die Situation, die ihm eventuell vertraut vorkommt. Die Handlung kann nachvollzogen werden.

Wann aus Verlachen ein Mitlachen wird, hängt sowohl von der Thematik, von der Art und Weise der Präsentation als auch von den Einstellungen des Lesers ab.[213] Grundsätzlich gilt: nicht jedes Lachen benötigt die distanzierende Fremdheit. So stellt King Distanz forcierende Überlegenheitstheorien für Komik in Frage und attestiert vielen Komödien eine Identifikation stiftende Fähigkeit.[214]

Vischer betont die Fähigkeit des Alltäglichen für komödiantische Zwecke. Er argumentiert, dass ein Erhabenes, das die Nachbarschaft des Gemeinen und Nichtigen nicht anerkennt, und welches dann zu Fall gebracht wird, verlacht wird. Wenn jemand dem Niedrigen jedoch seine Nähe zum Erhabenen zugesteht, der wird über seinen Fall selbst lachen können, und dem wird ein Mitlachen zuteil.[215] Demzufolge sind alltägliche, nichtige Dinge, denen Raum gegeben wird, sich darzustellen, dazu geeignet, ein Mitlachen zu initiieren.

---

[213] Jauss, Hans Robert: Über den Grund des Vergnügens am komischen Helden. In: Das Komische. Hrsg. von Wolfgang Preisendanz und Rainer Warning. München: Fink 1976., S. 109.
[214] King, G.: Film Comedy., S. 10.
[215] Vischer, F.TH.: Über das Erhabene und Komische., S.166.

Alltägliches, Banales ist fast durchgängig das Thema der Knopp-Trilogie, die sich somit für ein verständnisvolles Mitlachen auszeichnet. Novotny attestiert der Knopp-Trilogie trotz aller Abstraktionsmerkmale Realitätsnähe.[216] Und laut Schury „zeugen Zeichnungen und Verse bei aller satirischen Abstraktion von genauer Alltagsschau[,...deren] Wiedererkennungseffekt zum Lachen [reizt]."[217] Die Handlungen des Tobias Knopp, der oftmals als Opfer aus Situationen herausgeht, verfügen über eine höhere Identifikationsmöglichkeit als zum Beispiel die boshaften Streiche von Max und Moritz. Während in diesen Geschichten die Hauptfiguren die Übeltäter sind, ist in jener Geschichte Tobias Knopp vor allen Dingen eins: das Opfer. Egal, ob er ehemalige Freunde besucht, sein Eheleben organisiert oder seine Vaterschaft ausübt, stets verlaufen Situationen nicht nach Plan und nicht zum Vorteil für Knopp. Diese Gestaltungsdifferenz zu anderen Werken Buschs attestiert auch Kraus der Knopp-Trilogie. So ist „der rundliche *Tobias Knopp* noch harmloser, noch komischer und noch rundlicher [...] und das höhnische Lachen des Polemikers [Buschs] ist verstummt, und das belustigte Lächeln des Humoristen wird sichtbar."[218] Der Wiedererkennungseffekt und die Positionierung der Figur als Opfer verbietet oftmals im Gegensatz zu den Streichen von Max und Moritz ein Verlachen und generiert ein milderes Mitlachen.

Im Kapitel „Eine unruhige Nacht"[219] versucht Knopp, seine Vaterpflichten zu erfüllen und scheitert zunächst bei dem Versuch, Julchen zur Ruhe zu bringen. Entgegen der mit Slapstickelementen durchsetzten Heimkehrszene im zweiten Buch,[220] in der Knopp von Gegenständen attackiert wird, die gerade durch ihre Häufung ein Abstraktionsniveau aufweisen, das diese Szene der Ernsthaftigkeit entheht, sind die Geschehnisse in „Eine unruhige Nacht" realitätsnah und haben einen Wiedererkennungswert. Sie fokussieren die Nachvollziehbarkeit, das Hineinversetzen in eine derartige Lage. Im Sinne Freuds wird hier gezeigt, dass Distanz und Überlegenheitsgefühl nicht zwingend vorhanden sein müssen, um Komik

---

[216] Novotny, Fritz: Wilhelm Busch als Zeichner und Maler. Wien: Schroll / Co. 1949., S. 29.
[217] Schury, G.: Ich wollt ich wär ein Eskimo., S. 190.
[218] Kraus, Joseph: Wilhelm Busch in Selbstzeugnissen und Bilddokumenten. 3. Auflage. Reinbek: Rowohlt 1974., S. 94.
[219] Busch, W.: Sämtliche Werke. Bd. 2., S. 277-281.
[220] Ebd., S. 247-253.

hervorzubringen.[221] Ein Hineinversetzen zielt auf ein Wiedererkennen der Lage, auf ein Verständnis. Gelacht wird nicht über die Person, sondern über die Situation. Infolgedessen sollte eigentlich in dieser Szene keiner verlacht werden.

Doch zeigt eine Analyse des Textausschnittes aus „Eine unruhige Nacht" dass doch jemand verlacht wird.
Der Text-Erzähler arbeitet in diesem Bereich mit interner Fokalisierung und spricht Emotionen an und aus. Ein „Oh, wie gern ist Knopp erbötig, / Nachzuhelfen, wo es nötig"[222] bringt Pein und Hilflosigkeit Knopps zum Ausdruck. Das gefühlsbetonte „Oh" und die adverbiale Bestimmung „wie gern" zusammen mit dem mit Untertänigkeit konnotierten Adjektiv „erbötig" bringt dem Leser die Not Knopps nahe, die er aufgrund der nächtlichen Ruhestörung empfindet. Die Distanz zwischen Figur und Leser ist gering. Ebenso verhält es sich bei der kurz darauf folgenden Frage: „Oder will's vielleicht ins Bette, / Wo auf warmer Liegestätte / Beide Eltern in der Näh?"[223]
Das Vertraute wird mit interner Fokalisierung noch vertrauter gemacht. In keinem anderen Bereich der Trilogie werden mit interner Fokalisierung derart flehende Fragen gestellt wie im Kapitel „Eine unruhige Nacht". Der Übergang zwischen Erzählperspektive Knopps und des Erzählers ist dabei fließend. Ein „Lieber Gott, wo mag's denn fehlen? / Oder sollte sonst was quälen?"[224] kann sowohl der Erzählerfigur als auch Knopp zugeordnet werden. Das Dreierverhältnis aus Figur, Erzähler und Leser wird eng zusammengerückt.

Gleichzeitig jedoch steht dieser vom Erzähler gebrauchte pathetische Stil der Banalität eines alltäglichen Geschehens gegenüber. Die Übertreibung des Ausrufs führt das Geschehen trotz Wiedererkennung und Nachvollzug dem Unernst zu, das stets ein Lachen erlaubt. Die Übertreibung des Erzählers entlarvt die Nähe zu den Emotionen der Figur als nicht ernsthaft. Der Erzähler entblößt sich einmal mehr als inkompetent. Gelacht wird ebenso aufgrund der nachzuvollziehenden Situation, in der

---

[221] Freud, S.: Der Witz und seine Beziehung zum Unbewußten., S. 212.
[222] Busch, W.: Sämtliche Werke. Bd. 2., S. 280.
[223] Ebd., S. 281.
[224] Ebd., S. 279.

Knopp steckt und aus der er sich nicht befreien kann, als auch über den übertrieben agierenden Erzähler, der nicht mehr ernst genommen werden kann.

Wenn nun die Figur nicht fremdbestimmt einer Situation unterliegt, sondern sich aktiv – durch Gedankengänge – in eine missliche Lage bringt, wechselt das Lachen vom Mitlachen zum Verlachen. Ein direkter innerer Monolog setzt zwar hierbei grundsätzlich zunächst auf Nachvollzug, doch müssen Stil der Rede, Modus und Thematik miteinander harmonieren. Ansonsten wird der Leser über die Disharmonie stolpern und das Geschehen dem Unernst zuführen. Dies wird nun an einem Beispiel erläutert:

Am emotional tiefsten Punkt von Knopps Einsamkeit trifft der Leser auf einen inneren Monolog Knopps, der gleich drei Mal mit der Interjektion „Ach" auf dessen Trübsinnigkeit aufmerksam macht. Knopps Gefühlslage wird – nach einer kurzen Inquit-Formel - ohne vermittelnde Instanz präsentiert. Die Nähe zur Figur ist optimiert durch den direkten Modus seiner Gedankengänge. Diese sind abermals im pathetisch-emotionalen Stil aufgebaut. Diesmal jedoch unter Ausschluss des Erzählers. Es sind Knopps Gedanken, die inhaltlich seinen einsamen Tod zum Thema haben, die aber durch die Aussage „[…] Ach, und endlich auch durch mich / Macht man einen dicken Strich […]"[225] an Knopps eigene Gemachtheit aus Linien und Strichen aufmerksam machen, sodass die Unlogik, dass diese gemachte Figur solch trübsinnige Gedanken entwickeln kann, bereits komisch wirkt. Dass Knopps Gedankengänge nicht ganz ernst zu nehmen sind, zeigt der Text nach Beendigung des Monologs, wenn es heißt: „(…) Drückt er eine Träne ab. / (…) / Seinem Schmerze angemessen." Jemand, der eine Träne „abdrücken" muss, dem kommt es mehr auf die zur Schau gestellte Theatralik an als auf echte Trauer. Das Künstliche nicht nur Knopps, sondern insbesondere der Träne zeigt die Zeichnung, indem sie eine überdimensional große, schwarze Träne im Vordergrund des Bildes zur Schau stellt. An dieser Stelle ist Knopps Trauer endgültig als eine nicht ernst zu nehmende zu erkennen und darf verlacht werden. Anders als in dem Kapitel „Eine unruhige Nacht", in dem Knopp in eine Situation gerät, in der jemand anders – Julchen – seine Aktionen lenkt, kommt es hier zu keinem Nachvollziehen, weil Knopp selbst übertreibt und

---

[225] Ebd., S. 155.

weil insbesondere der Bild-Erzähler auf die Künstlichkeit seiner Trauer mit der dicken schwarzen Träne aufmerksam macht.

Knopps große, schwarze Träne[226]

Der Erzähler wiederum fällt auf die Übertreibung Knopps herein. Theatralisch mischt er sich kurz darauf direkt in die Geschichte ein und spricht Knopp an.

> Dieses ist ja fürchterlich.
> Also, Knopp, vermähle dich.
> Mach dich auf und sieh dich um,
> Reise mal 'n bissel 'rum.
> Sieh mal dies, und sieh mal das,
> Und paß auf, du findest was.[227]

Ein Erzähler, der sich derart ergriffen in die Geschichte einbringt, um Ratschlage zu erteilen, regt zum Verlachen an, da ihm das Gemachte der Figur und die Theatralik der Rede entgehen. Abermals bietet er sich als ein Weiser an, diesmal nicht dem Leser gegenüber, sondern der Figur Knopp. Aber auch hier hat der Leser die Deutungshoheit. Er kann den Erzähler als inkompetent einstufen – und ihn verlachen, oder aber er stuft den Erzähler als überlegen ein und deutet die Aussage des Erzählers als Ironie. Das Verlachen gilt in dem Falle einzig der Figur. Die Deutungsmacht des Lesers ist die Variable, die nicht festgelegt werden kann. Ob ein Lachen ein Verlachen oder ein milderes Mitlachen ist, kann stets nur tendenziell aufgezeigt werden.

---

[226] Ebd., S. 155.
[227] Ebd., S. 156.

Zusammenfassend wird festgehalten, dass die Themenauswahl zwar Einfluss hat auf die Art des Lachens, – so distanziert ein unrealistischer Inhalt mehr als ein nachvollziehbarer – doch hängt die Wirkungsweise ebenfalls von der Art der Darstellung ab. Inhalt, Text- und Bilddarstellung in der Knopp-Trilogie arbeiten oftmals nicht harmonisch zusammen, denn so kommt es zu Brüchen und das Geschehen wird als nicht ernst zu nehmen eingestuft – eine optimale Voraussetzung für Komik.

Ist die dem Leser vertraute Situation der Figur eine fremdbestimmte, so wird Mitlachen initiiert. Befindet sich die Figur jedoch in einer selbst gemachten schlechten Lage und betont dies durch eine theatrale Inszenierung, so wird, wenn dem Leser Zeichen für die Künstlichkeit des Schmerzes gegeben werden, ein Nachvollziehen unterbunden und der Schmerz als Unernst erkannt und verlacht.

Eine Nähe zur Figur wird durch die narratologische Darstellungsweise des direkten Modus' initiiert. Doch kommt es zu einem Bruch dieser Darstellungsweise, wenn die Figur selbst mit Übertreibung arbeitet oder indem der Bild-Erzähler mit distanzierenden Mitteln die Künstlichkeit des übermittelten Gefühls offeriert (die dicke Träne). Dies erzeugt einen Widersinn, der den Unernst des Geschehens hervorhebt, sodass über das Mitleid initiierende Thema schließlich gelacht wird.

Ob gefühlsbetonte Aussagen des Erzählers als glaubwürdig und somit übertrieben theatralisch empfunden werden, oder ob er als jemand gesehen wird, der sich selbst über Knopps Leiden lustig macht und sich in ironischer Weise äußert, liegt an der Betrachtungsweise des Lesers. Seine Einstellung entscheidet letztendlich oftmals darüber, wer verlacht wird und wie hart das Lachen ausfällt.

3.3.6 Autonome Wirkung: artistischer Akt

Als „artistischer Akt" [228] wird eine Aufführung bezeichnet, die aufgrund ihrer Performance aus sich selbst heraus wirkt. Sie ist in dem Moment der Handlung enthoben, das heißt, sie unterbricht den Fortgang der Handlung. Die Bilderfolge von Knopps Tanzeinlage bezeichnet einen solchen Akt. [229] Komik entsteht durch die Art und Weise der Ausführung und durch den Kontrast von Körperbau und erhabener

---

[228] Brincken, J.; Englhart, A.: Einführung in die moderne Theaterwissenschaft., S. 67.
[229] Busch, W.: Sämtliche Werke. Bd. 2., S. 172-174.

Tanzhaltung. Wesentlich verstärkt wird dieser autonome Akt durch die Zusammenarbeit von Text und Bild und der bereits in Kapitel 3.2.3 „Informationsvorsprünge: Wer weiß mehr?" herausgearbeiteten Funktionsweisen der Komik. Verschiedene komische Elemente arbeiten hier zusammen und verstärken sich gegenseitig.

Knopps tänzerische Einlage wird in einer zeitlich gedehnten Bilderfolge dargeboten, sodass aus der statischen Momentaufnahme eine sukzessive Abfolge des Tanzes wird, die Bewegung demonstriert. So attestiert Willems Buschs Darstellungskunst eine Sukzessivität, wie man sie eigentlich nicht dem Bild, sondern dem Text zuschreibt.[230] Den Bewegung simulierenden, hintereinander geschalteten Momentaufnahmen ist es zu verdanken, dass die körperliche Aufführung aufgrund ihrer Bewegungen wirkt und aus sich selbst heraus Komik entfaltet.

Knopp selbst bildet während des Tanzes den Mittelpunkt. Deutlich wird dies an der herausragenden Stellung, die er innerhalb dieser Szenerie einnimmt. Jede einzelne Momentaufnahme zeigt ihn mittig im Vordergrund. Er ist gezeichnet aus kräftigen schwarzen Strichen, während die Menschen im Hintergrund mit blassen Strichen wiedergegeben sind, und er ist der einzige, der innerhalb der Menschenmenge einen kräftigen schwarzen Schatten wirft. Seine herausragende Stellung zusammen mit den schwungvollen Verbiegungen seines hierzu nicht geeigneten Körperbaus macht aus dem Tanz einen komischen, artistischen Akt. In mehreren Momentaufnahmen wird mithilfe der Bilderfolge seine Performance betont. Komik entsteht durch die Aufführung an sich, aus sich selbst heraus, weil in überzeichneter Weise eine dicke Figur eine erhabene Tanzhaltung offeriert.

Eine ebenfalls aus sich selbst heraus wirkende Bildsequenz zeigt im Kapitel „Heimkehr"[231] Knopps Versuch, Feuer zu machen. Knopp scheitert hierbei immer wieder. Die am Boden liegenden Zündhölzer unterstreichen seine Erfolglosigkeit. Doch wird die Komik dieser Erfolglosigkeit unterstützt durch Knopps virtuose Körperdarstellung, die ihn mal schwankend auf einem Bein stehend zeigt, mal in gebückter Haltung mit auskippenden Zündhölzern. Diese dem Alkoholkonsum geschuldete

---

[230] Willems, Gottfried: Abschied vom Wahren – Schönen – Guten. Wilhelm Busch und die Anfänge der ästhetischen Moderne. Heidelberg: Universitätsverlag 1998., S. 196.
[231] Busch, W.: Sämtliche Werke. Bd. 2., S. 254-256.

körperliche Glanzleistung zur Demonstration seiner Unfähigkeit wird als komischer, autonomer Akt genossen. Nicht umsonst fehlt jeglicher Text. Lediglich zu Beginn läutet eine kurze, Zeit raffende textliche Erklärung den Darstellungsakt ein. Während der Text gerafft lediglich wiedergibt, dass Knopp „häufig streichen" muss, präzisiert die textlose Bilderfolge in sieben Bildabschnitten seine Erfolglosigkeit. Die Komik liegt in der virtuosen Performance von Knopp. In diesem Sinne ist die Komik ausstrahlende Darstellung autonom gegenüber der Handlung.

Knopps artistischer Akt[232]

Ein weiterer artistischer Akt wird mit Knopps aussagekräftigem Hosenhinterteil in dem Kapitel „Eheliche Ergötzlichkeiten"[233] geboten. In einer Bilderfolge aus sechs Zeichnungen ist Knopps Hose mit Strichen versehen, die virtuos die Mimik verschiedener Gemütsverfassungen wiedergeben. Dieser Akt erzeugt sowohl Belustigung aufgrund der Vorstellung der Möglichkeit, aus einem Gesäßteil einer Hose eine Gemütsverfassung zu erschließen, als auch aus den zu erkennenden Gesichtern selbst heraus. Die Bilder übernehmen die Aufgabe der darstellenden Performance, der Text erklärt den „Gesichtsausdruck". Aufgrund des phantasievollen Umgangs mit den Möglichkeiten einer Hose wirkt diese Art der Darstellung wie ein Spiel. Sie demonstriert Unernst, Leichtigkeit und Spaß.

---

[232] Ebd., S. 254-255.
[233] Ebd., S. 222-224.

Emotionen einer Hose[234]

Bilderfolgen können oftmals als artistischer Akt bezeichnet werden, da sie ihre Komik aus der zeichnerischen Zusammensetzung und der damit gebotenen Aufführung entwickeln. Zwar sind sie nicht vollends der Handlung enthoben, denn dass Knopp Feuer anzünden möchte, ist Bestandteil des Handlungsrahmens. Indem jedoch die Handlung zeitlich gedehnt in einer mehrere Bilder umfassenden Bildsequenz dargestellt wird, wird sie zu einem eigenständig wirkenden Akt erhoben. Das Lachen gebührt der Darstellungskunst. Das schließt nicht aus, dass sich noch weitere Funktionsweisen der Komik entfalten. So wird bei Knopps tänzerischer Darbietung sowohl über die Performance als auch über den Wissensunterschied gelacht.

---

[234] Ebd., S. 224.

4. Zusammenfassung

Die Analyse der Knopp-Trilogie hat zu folgenden Funktionsweisen der Komik geführt:
Elementar für die Komik ist das Zusammenspiel von Bild und Text. Die daraus entstehende „Bühnenshow" präsentiert eine doppelte Erzählerfunktion aus Bild und Text. Komik wird oftmals durch nicht übereinstimmende Äußerungen der beiden Erzähler generiert. Dem Bild-Erzähler kommt aufgrund seiner anschaulichen Darstellungsweise eine höhere Beweiskraft für die Wahrheit zu. Er ist derjenige, dem geglaubt wird. Weicht der Text-Erzähler ab, so wird er als inkompetent enttarnt oder seine Äußerungen werden der Ironie zugeführt.
Vom Bild abweichen kann der Erzähler, indem er Informationen, die für den Fortgang der Handlung wichtig sind, weglässt, indem er Fehlinformationen liefert oder von der eigentlichen Handlung abweicht.

Während die Bilder aufgrund ihrer Anschaulichkeit generell Nähe zum visuellen Medium Theater suggerieren, schafft der Text-Erzähler die Atmosphäre einer Bühnenshow, indem er mit sprachlichen Mitteln eine Gleichzeitigkeit von Geschehen und Kommentieren suggeriert. Der Leser erhält den Eindruck, sich vor einer Bühne an der Hand des Erzählers zu befinden. Das wiederum ist gleichzeitig die Ausgangslage für komische Situationen, denn während der Erzähler sich als ein Wissender gebart, wird er gleichzeitig von dem neutralen Bild-Erzähler enttarnt.

Innerhalb der verschiedenen Szenen der Knopp-Trilogie kommen unterschiedliche Funktionsweisen der erarbeiteten Theorien zum Einsatz.
So generiert sich Isers Kipp-Phänomen aus dem Handlungsablauf heraus. Sobald eine intendierte Handlung einen Umschlag erfährt, wird der Leser in die zerstörte Struktur mit hineingezogen. Er ist überrascht – vorausgesetzt er hatte keine Vorinformation. Die Verblüffung wird in Lachen umgesetzt, sodass der Leser seinen Abstand zurückgewinnt.

Innerhalb eines solchen Umschlags arbeiten Text und Bild oftmals kooperativ harmonisch zusammen. Basiert der Umschlag auf der Text-Information, so muss diese präzise und direkt formuliert sein ((„Heißa! Meine Frau ist tot!"). Andererseits wird oft ein Umschlag generiert über raffenden, andeutenden Text im Zusammenspiel mit der Anschaulichkeit des Bildes. Hierbei kann es auch zu einer Widerlegung des Textes kommen.

Auch innerhalb von Jüngers Theorie der Normverletzung gibt es Umschläge, sodass oftmals eher aufgrund der Überraschung gelacht wird als aufgrund der eigentlichen Verletzung der Norm. Widerlegt wurde, dass Normverletzungen stets aussichtslos sein müssen und dass die Replik stets angemessen zu sein hat. Abstraktionsstil und Realitätsferne sind in der Lage die Folgenlosigkeit zu erhöhen, um so mit einer übertrieben starken oder falsch ausgerichteten Replik Komik zu verursachen.

Informationsvorsprünge bewirken, dass ein Handlungsumschlag lediglich die Positionen der Figuren zum Kippen bringt. Der vorinformierte Betrachter hat bereits eine Erwartungshaltung aufgebaut, die mit dem Umschlag eingelöst wird. Gelacht wird nun nicht mehr aus der Verblüffung heraus, sondern aus der Freude daran, dass das Erwartete eingetroffen ist.

Wird dagegen eine komische Situation nicht aufgrund eines Umschlags generiert, sondern weil eine Person selbstbestimmt in einer Weise handelt, die sie als lächerlich erscheinen lässt, weil der Betrachter über mehr Informationen verfügt als diese, so kommt Jean Pauls „unendliche Ungereimtheit" zum Tragen. Die Person wird aufgrund ihres Handelns in einer Situation, in der ihr ein Wissen aufgebürdet wird, das sie nicht hat, verlacht.

Gestaltet sich die Situation hingegen so, dass die Figur nicht selbstbestimmt handelt, sondern ihr wird fremdbestimmt eine Situation aufgenötigt, so wird weniger die Figur verlacht, als vielmehr über die Situation gelacht, denn die Figur trifft kein eigenes Verschulden an ihrer Lage aufgrund selbstbestimmter Aktivitäten.

Ob eine Figur eine selbstbestimmt handelnde ist, oder aber ein fremdbestimmtes Opfer darstellt, ist ein Kriterium für die Art des Lachens. Im ersten Fall wird das Lachen härter sein, denn die komische Situation wird durch die Figur selbst ausgelöst.

Weitere Faktoren für die Art des Lachens sind die Themenwahl, die Art der Darstellung und die persönliche Einstellung des Lesers.

Die Themenwahl bestimmt über den Wiedererkennungseffekt, ob eine Situation realitätsnah und vertraut ein mildes Lachen verursacht. Ist das Thema folgenschwer – wie zum Beispiel bei einem Todesfall, - so kann ein grotesker und abstrakter Darstellungsstil den Inhalt so weit verfremden, dass trotz des folgenschweren Inhaltes ein Lachen erlaubt ist.

Die Darstellungsweise führt entweder nah an das Geschehen heran oder distanziert. Eine Darstellungsweise im direkten Modus, die Nähe suggerieren soll, kann widerlegt werden durch Zeichnungen, die die Künstlichkeit betonen (s. Knopps dicke, schwarze Träne) oder dadurch, dass die Figur oder der Erzähler sich selbst durch Übertreibung als glaubwürdig disqualifiziert. Arbeiten Darstellungsmittel disharmonisch gegeneinander, so wird die Glaubwürdigkeit in Frage gestellt, und das Geschehen wird dem Unernst und somit der Heiterkeit zugeführt.

Die persönliche Einstellung des Lesers ist die Variable, die Unbekannte im Aufbau einer komischen Situation, die es nicht erlaubt, abschließend eine bestimmte Wirkungsweise zu prophezeien. So kann der Text-Erzähler, sobald er dem Bild-Erzähler widerspricht, entweder als inkompetent und unwissend eingestuft und verlacht werden, oder aber es wird ihm unterstellt, dass er absichtlich eine Falschaussage tätigt, die folglich als Ironie interpretiert werden kann.

Slapstick generiert Komik aus dem Aufbau von Schlag und Gegenschlag. In diesem Bereich arbeiten Text und Bild kooperativ der Manier des Slapsticks entsprechend. Das Bild zeigt entweder eine sich entwickelnde Bilderfolge oder arbeitet mit Mitteln, die den statischen Moment in einen transitorischen umwandeln, wie zum Beispiel kippende Gegenstände oder Bewegungslinien. Der Text arbeitet in diesem Bereich mit Akustik widerspiegelnden Interjektionen („Autsch!", „Bums!"…), die zudem in ihrer Kürze den Schwung von Schlag und Gegenschlag übertragen.

Einen „artistischen Akt" erzeugen Bilderfolgen, die aus ihrem Bewegungsablauf heraus Komik erzeugen. Durch textliche Beifügungen können zusätzlich weitere

Komikfaktoren zum Einsatz kommen (s. Knopps Tanzeinlage mit ironischem Textkommentar). Die Performance selbst wird durch die Bilderfolgen getragen.

Aufgrund des Zusammenspiels von Text und Bild gelingt es Busch, Komik nicht nur aus dem Handlungsablauf zu generieren, sondern auch aus der Gegensinnigkeit von Text und Bild und dem Mittel von Andeutung und überraschender Präzisierung. Die Möglichkeiten, Komik zu entfalten, werden so in vielfältiger Weise genutzt und erlauben sowohl ein distanzierendes Verlachen einer Person als auch ein milderes, verständnisvolleres Lachen über eine Situation.

5. Literaturliste

Primärliteratur:

Busch, Wilhelm: Sämtliche Werke II. Was beliebt ist auch erlaubt. Hrsg. von Rolf Hochhuth. München: Bertelsmann 1982.

Sekundärliteratur:

Bergson, Henri: Das Lachen. Ein Essay über die Bedeutung des Komischen. Zürich: Die Arche 1972.

Bonati, Peter: Zum Spielcharakter in Buschs Bildergeschichten. In: Die boshafte Heiterkeit des Wilhelm Busch. Hrsg. von Michael Vogt. Bielefeld: Aisthesis 1988. S. 79-102.

Borringo, Heinz-Lothar: Spannung in Text und Film. Spannung und Suspense als Textverarbeitungskategorien. Düsseldorf: Schwann 1980.

Brincken, Jörg von; Englhart, Andreas: Einführung in die moderne Theaterwissenschaft. Wissenschaftliche Buchgesellschaft: Darmstadt 2008.

Fischer, Kuno: Über den Witz. 2. Auflage. Heidelberg: Winters o. J.

Fludernik, Monika: Einführung in die Erzähltheorie. Wissenschaftliche Buchgesellschaft: Darmstadt 2006.

Freud, Sigmund. Der Witz und seine Beziehung zum Unbewußten. Der Humor. 2. Auflage. Frankfurt: Fischer 2010.

Hobbes, Thomas: Vom Menschen. Vom Bürger. Philosophische Bibliothek. Bd. 158. Hrsg. von Günter Gawlick. 2. verb. Aufl. Hamburg: Felix Meiner 1966. (1642, 1658).

Imm, Karsten: Absurd und Grotesk. Zum Erzählwerk von Wilhelm Busch und Kurt Schwitters. Bielefeld: Aisthesis 1994.

Iser, Wolfgang: Das Komische: ein Kipp-Phänomen. In: Das Komische. Hrsg. von Wolfgang Preisendanz und Rainer Warning. München: Fink 1976. S. 398-402.

Jauss, Hans Robert: Über den Grund des Vergnügens am komischen Helden. In: Das Komische. Hrsg. von Wolfgang Preisendanz und Rainer Warning. München: Fink 1976. S. 103-132.

Jean Paul: Vorschule der Ästhetik. Nach d. Ausg. von Norbert Miller hrsg., textkrit. durchges. u. eingel. von Wolfhart Henckmann. Hamburg: Meiner 1990.

Jünger, Friedrich Georg: Über das Komische. Zürich: Arche 1948.

Kant, Immanuel: Kritik der Urteilskraft. Hrsg. von Gerhard Lehmann. Stuttgart: Reclam 1963.

King, Geoff: Film Comedy. London: Wallflower Press 2002.

Kleemann, Fritz: Die Interjektionen bei Wilhelm Busch. In: Wilhelm-Busch-Jahrbuch 1970. Mitteilungen der Wilhelm-Busch-Gesellschaft Nr. 36. S. 15-25.

Klotz, Volker: Was gibt's bei Wilhelm Busch zu lachen? In: Die boshafte Heiterkeit des Wilhelm Busch. Hrsg. von Michael Vogt. Bielefeld: Aisthesis 1988. S. 11-49.

Kraus, Joseph: Wilhelm Busch in Selbstzeugnissen und Bilddokumenten. 3. Auflage. Reinbek: Rowohlt 1974.

Kuchenbuch, Thomas: Bild und Erzählung. Geschichten in Bildern. Vom frühen Comic Strip zum Fernsehfeature. Münster: MAkS Publikationen Münster 1992.

Lipps, Theodor: Grundlegung der Ästhetik. Die befriedigte und enttäuschte Erwartung. In: Texte zur Theorie der Komik. Hrgs. von Helmut Bachmaier. Stuttgart: Reclam 2010. S. 89-93.

Martinez, Matias; Scheffel, Michael: Einführung in die Erzähltheorie. 6. Auflage. München: C. H. Beck 2005.

Novotny, Fritz: Wilhelm Busch als Zeichner und Maler. Wien: Schroll & Co. 1949.

Pape, Walter: Wilhelm Busch. Stuttgart: Metzler 1977.

Plessner, Helmuth: Lachen und Weinen. Eine Untersuchung nach den Grenzen menschlichen Verhaltens. 3. Auflage. Bern: A. Franke 1961.

Schmidt, Siegfried J.: Komik im Beschreibungsmodell kommunikativer Handlungsspiele. In: Das Komische. Hrsg. von Wolfgang Preisendanz und Rainer Warning. München: Fink 1976. S. 165-189.

Schopenhauer, Arthur: Die Welt als Wille und Vorstellung. Vollständige Ausgabe nach der dritten, verbesserten und beträchtlich vermehrten Auflage von 1859. Köln: Anaconda 2009.

Schury, Gudrun: Ich wollt, ich wär ein Eskimo. Das Leben des Wilhelm Busch. Biographie. 2. Auflage. Berlin: Aufbau 2008.

Siepmann, Eckhard: Moderne Zeiten. Buschs kunstvoller Umgang mit Zeitstrukturen. In: Pessimist mit Schmetterling. Wilhelm Busch – Maler, Zeichner, Dichter, Denker. Hrsg. von Wilhelm-Busch-Gesellschaft e.V.. Hannover: 2007. S. 22-31.

Solger, Karl Wilhelm Ferdinand: Vorlesungen über Ästhetik. Hrsg. von K. W. L. Heyse. Leipzig: Brockhaus 1829. In: Texte zur Theorie der Komik. Hrgs. von Helmut Bachmaier. Stuttgart: Reclam 2010. S. 42-43.

Solger, Karl Wilhelm Ferdinand: Nachgelassene Schriften und Briefwechsel. Hrsg. von L. Tieck und F. v. Raumer. Bd. 2. Leipzig: Brockhaus 1826. In: Texte zur Theorie der Komik. Hrgs. von Helmut Bachmaier. Stuttgart: Reclam 2010.

Staveacre, Tony: Slapstick! The illustrated story of knockabout comedy. London: Angus & Robertson 1987.

Stierle, Karlheinz: Komik der Handlung, Komik der Sprachhandlung, Komik der Komödie. In: Das Komische. Hrsg. von Wolfgang Preisendanz und Rainer Warning. München: Fink 1976. S. 237-268.

Striedter, Jurij: Der Clown und die Hürde. In: Das Komische. Hrsg. von Wolfgang Preisendanz und Rainer Warning. München: Fink 1976. S. 389-398.

Texte zur Theorie der Komik. Hrsg. von Helmut Bachmaier. Stuttgart: Reclam 2005.

Ueding, Gert: Wilhelm Busch. Das 19. Jahrhundert en miniature. Erweiterte und revidierte Neuausgabe. Frankfurt: Insel 2007.

Vischer, Friedrich Theodor: Über das Erhabene und Komische – und andere Texte zur Ästhetik. Einleitung von Willi Oelmüller. Frankfurt: Suhrkamp 1967.

Warning, Rainer: Elemente einer Pragmasemiotik der Komödie. In: Das Komische. Hrsg. von Wolfgang Preisendanz und Rainer Warning. München: Fink 1976. S. 279-334.

Warning, Rainer: Vom Scheitern und vom Gelingen komischer Handlungen. In: Das Komische. Hrsg. von Wolfgang Preisendanz und Rainer Warning. München: Fink 1976. S. 376-379.

Willems, Gottfried: Abschied vom Wahren – Schönen – Guten. Wilhelm Busch und die Anfänge der ästhetischen Moderne. Heidelberg: Universitätsverlag 1998.

Wilpert, Gero von: Sachwörterbuch der Literatur. 8. verb. Auflage. Stuttgart: Kröner 2001.